Wolfram Eilenberger

BIN DAS ICH?

Kleine Menschen, große Fragen

Klett-Cotta

Durchgesehene und überarbeitete Neuausgabe

Klett-Cotta
www.klett-cotta.de
Erstmals erschienen 2009 im Berlin Verlag unter dem Titel
»Kleine Menschen, große Fragen. 20 philosophische Geschichten
für die Erwachsenen von morgen – und heute«
Dieses Werk wurde vermittelt durch die
Literarische Agentur Michael Gaeb
© 2021 by J. G. Cotta'sche Buchhandlung
Nachfolger GmbH, gegr. 1659, Stuttgart
Alle Rechte vorbehalten
Cover: Rothfos & Gabler, Hamburg
Illustrationen Cover und Innen:
Nena Weidhofer | Superherodesign, Stuttgart
Gesetzt von Dörlemann Satz, Lemförde
Gedruckt und gebunden von CPI – Clausen & Bosse, Leck
ISBN 978-3-608-96462-2
E-Book: ISBN 978-3-608-12094-3

Bibliografische Information der Deutschen Nationalbibliothek
Die Deutsche Nationalbibliothek verzeichnet diese Publikation in
der Deutschen Nationalbibliografie; detaillierte bibliografische
Daten sind im Internet über http://dnb.d-nb.de abrufbar.

Philosophie ist Erziehung für Erwachsene.
Stanley Cavell

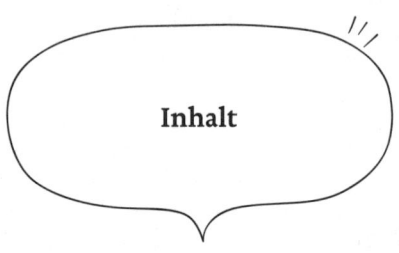

Inhalt

Hast du auch so einen Freund?
Und warum diese Frage überlebenswichtig ist 9

Bin das ich?
Und wohin uns diese Frage führen kann 16

Hätte ich auch ein Junge sein können?
Und warum diese Frage mehr als ein Echo hat 23

Habt ihr mich so gewollt, wie ich bin?
*Und weshalb das eine erstklassige
Frage sein wird* 26

Wer erzählt diese Geschichte?
*Und warum es so schön ist,
dieser Frage nachzugehen* 32

Schaut uns der liebe Gott gerade zu?
*Und warum diese Frage
wahre Wunder wirkt* 39

Wo kommt das hin?
Über das Abputzen und Aufräumen
im moralischen Sinne 47

Warum ist Noah krank?
Und weshalb diese Frage kein Übel sein muss 53

Bleibst du bei mir?
Über das Wesen der Lüge bei Nacht 61

Haben Steine Schmerzen?
Und warum diese Frage nicht ganz
schmerzfrei zu lösen ist 67

Warum können Hunde nicht sprechen?
Und weshalb man bei dieser Frage früher
oder später ins Schwimmen gerät 74

Wofür soll ich mich entschuldigen?
Und weshalb diese Frage
keine Ausreden duldet 81

Willst du mitspielen?
Und warum diese Frage in der Regel
bejaht werden sollte 87

Was wäre, wenn du Mama nicht getroffen hättest?
Von unmöglichen Welten
und möglichen Lieben 97

Sind wir jetzt wieder Freunde?
Und weshalb uns diese Frage glücklich macht 108

Warum gibt es so viele Bücher?
Und in welchem Buch
eine Antwort darauf zu finden wäre 115

Wo ist Opa jetzt?
Und warum wir auf diese Frage
ewig antworten wollen 119

Kleine und große Literaturempfehlungen zur Weiterreise
127

Hast du auch so einen Freund?

*Und warum diese Frage
überlebenswichtig ist*

Ich versuche ja, die Welt mit deinen Augen zu sehen. Aber leicht machst du es mir nicht. Seit einer halben Stunde spielst du mit einer Freundin, die es eigentlich gar nicht gibt. Ihr habt euch in eurer selbst gebauten Höhle verkrochen. Kocht dort füreinander, tauscht Geschenke aus, frisiert, küsst euch und vertreibt in regelmäßigen Abständen böse Ungeheuer.

Ich muss draußen bleiben. Den Wächter spielen, ab und zu warnend ausrufen: »Achtung, da kommt jemand, der will euch holen!« Dann ist in der Höhle natürlich mächtig was los. Ihr fürchtet und freut euch zugleich, wollt geschnappt werden, herausgezerrt – und wieder nicht. Vom Wächter, der zum Ungeheuer wurde. Das ist das Spiel. Sogar eure eigene Sprache habt ihr erfunden. Du sprichst und kreischst, in Stimmen, stark verzerrt, wie eine Wahnsinnige.

Wärst du nur zehn Jahre älter, ich würde einen Arzt rufen, damit er dich mitnimmt und dich vor dir selbst schützt. Aber so? Ganz alltäglich. Ganz gewöhnlich. Es soll sogar gut sein, gut für deine Entwicklung. Kinder, die einen imaginären Freund hatten, habe ich gelesen,

»erreichen später einmal eine höhere Sozialkompe-
tenz« – was wohl bedeutet, dass sie sich als Erwachsene
besser in andere Menschen hineinversetzen können.

Sich in einen anderen hineinversetzen. Keine so
leichte Sache. Da sitzt also, wenn ich es recht verstehe,
im Moment jemand mitten in dir drin? Deine »große
Schwester Maja«, wie du sie nennst.

– *Papa, bist du noch da?*
– *Selbstverständlich.*
– *Du musst jetzt rufen, dass da jemand kommt! Je-etzt!*
– *Ich habe jetzt aber keine Lust mehr. Ich finde, wir
  haben lange genug Höhle gespielt.*
– *Schwester Maja will aber noch weiterspielen!*
– *Dann erkläre ihr, dass der Wächter müde ist und eine
  Pause benötigt.*
– *Sie will aber noch weiterspielen!*
– *Ich erkläre ihr es auch persönlich, wenn du mich lässt.*
– *Das geht nicht.*
– *Warum nicht?*
– *Weil es eben nicht geht!*
– *Dann müsst ihr beide in eurer Höhle alleine weiter-
  spielen.*
– *Aber du bist der Wächter. Du musst gehorchen!*
– *Ich will aber nicht mehr Wächter sein.*
– *Blöd. Blöder Papa!*

Ein launisches, eigensinniges Ding, deine große
Schwester Maja. Manchmal streitet ihr sogar miteinander, diskutiert, erklärt, zankt. So wie im Moment,
in eurer Höhle.

Du kommst herausgekrochen. Und es bist wirklich du. Nur du. Ich kann es auf den ersten Blick erkennen.

- *Wo ist denn Schwester Maja?*
- *War müde. Hat sich hingelegt.*
- *Und wann, glaubst du, wacht sie wieder auf?*
- *Weiß ich nicht.*
- *Weiß man ja nie bei ihr, oder?*
- *Hm. Sag mal, Papa, hast du auch so eine Freundin?*
- *Wie Schwester Maja, meinst du?*
- *Ja.*
- *Als ich so alt war wie du, hatte ich so einen Freund. Es war ein Junge. Er hieß Erwin.*
- *Und was war das für ein Junge?*
- *Er war ein bisschen älter als ich, so wie Schwester Maja ja auch ein wenig älter ist als du. Wir haben getanzt, uns Geschichten erzählt und Versteck gespielt. Einmal hat er sich so gut versteckt, dass ich mich auf der Suche nach ihm verlaufen habe und dann in einen Bach gefallen bin. Das jedenfalls erzählt die Oma. Und dann, daran erinnere ich mich selbst noch ganz deutlich, haben wir geboxt, viel geboxt. Und miteinander gerauft.*

So war das wohl mit Erwin. Meinem ersten Freund. Sollte ich heute erklären, was er war, würde ich sagen: eine bessere Version meines Selbst. Die beste, die ich mir zur damaligen Zeit vorstellen konnte. Ein großer Freund, der mich im Zwiegespräch erzog, der mich verstand und immer da war, mitten in mir drin.

11

Was aber wäre so ein imaginärer Freund für einen Erwachsenen? Eine Persönlichkeitsstörung? Ein ziemlich ehrgeiziges Gewissen? Ein eigensinniges Über-Ich? Oder – weshalb das Kind nicht bei seinem ersten Namen nennen – ein Dämon von der Art, wie ihn der Philosoph Sokrates einst in seinem Inneren hörte? Jene Stimme, die ihn trieb, sich und auch andere vor die Frage zu stellen: Wer bist du? Wie willst du leben? Was willst du werden?

– *War Erwin stark?*
– *Sehr stark. Aber ich hab ihn trotzdem manchmal besiegt.*
– *Schwester Maja ist auch sehr stark!*
– *So stark wie du?*
– *Viel stärker! Sie hat sogar mit einem Krokodil geringt!*
– *Gerungen.*
– *Und einen Löwen gefangen! Mit den Händen.*
– *Wie hat sie das denn geschafft?*
– *Sie hat ihn geboxt. So hat sie ihn geboxt. So! So!*
– *Aha, ich kann's mir in etwa vorstellen.*
– *Geboxt hat sie ihn. So! So! So!*
– *Vorsicht, nicht so laut! Du weckst noch Schwester Maja auf.*
– *Oh …*

Schon bist du wieder in der Höhle verschwunden. Einfach abgezischt. Kennst weder Vater noch Mutter, wenn sie dich ruft. Kann ja alles, deine geniale Schwester. Was ich dich auch frage oder fragen würde, die Antwort ist immer die gleiche: Nein, ich noch nicht …, aber Schwester Maja weiß es, Schwester Maja war schon einmal dort, Schwester Maja kann es.

Mit Selbsterkenntnis hat das nur wenig zu tun. Doch zumindest das ließe sich von deiner Schwester Maja aber behaupten: dass sie am Anfang eines Gesprächs steht, das davon handelt, wer du werden willst.

- *Achtung! Da kommt jemand und will euch holen!*
- *Nicht! Nicht!*
- *Doch, ich komme jetzt rein und hole euch, uaaah, und dann fresse ich euch auf, mit Haut und Haaren, fresse euch die Haare vom Kopf, uaah!*
- *Nein, bitte nicht! Schwester Maja, wach auf! Hilf mir!*
- *Ihr habt keine Chance, ich bin von der Polizei, ihr habt den ganzen Tag wieder nur Unsinn getrieben, das können wir nicht dulden. UAAAAH!*
- *… Halt! Papa, das ist blöd, das ist ein blödes Spiel. Das möchten wir nicht!*
- *Keine Polizei? Wer soll ich stattdessen sein?*
- *… Ein Wolf.*
- *Gut, dann eben ein Wolf. Uaaah, ich bin der Wolf, ich bin ein Wolfsmensch und fresse euch auf, weil Wölfe das so machen, das ist unsere Natur, uuah, niemand kann mich stoppen!*
- *Schwester Maja, schnell, du musst ihn boxen! Boxen! Bist doch nur ein fauler Stinker!*
- *Wie bitte?*
- *Bist ein fauler Stinker, Wolfsmann!*
- *Aua! Uaahh, uaaah, Rückzug, uaaah! … Fauler Stinker sagt man aber nicht!*
- *Doch, sagt man!*

Was aus dir werden soll? Jedenfalls nicht »man«, sondern du selbst. Das ist auch Friedrich Nietzsches Antwort. Nur traurigen Spott hat er für Eltern übrig, die lediglich ihren Kindern diese Frage stellen, nicht mehr aber sich selbst. Denn Nietzsche nimmt an, dass so gut wie jeder Mensch diese fordernde Stimme – er nennt sie Genius – schon einmal in sich gehört hat und immer wieder in sich hört, zu verschiedensten Zeiten des eigenen Lebens. Zeiten, die eine Entscheidung erfordern, die sich wie eine Krise anfühlen. »Jede junge Seele hört diesen Zuruf bei Tag und Nacht und erzittert dabei; denn sie ahnt ihr seit Ewigkeiten bestimmtes Maß von Glück, wenn sie an ihre wirkliche Befreiung denkt ...«

Jene, die es vorziehen, ihren Genius zu missachten, nennt Nietzsche »Geister«: imaginäre Menschen, die mitten unter uns leben und die, was immer sie auch sagen, doch nie für sich selbst sprechen.

– *Papa, ich habe Hunger!*
– *Hunger ist gut, in Wirklichkeit gibt es nur einen Hunger.*
– *Was hast du gesagt?*
– *Ich habe gefragt, was du gerne essen möchtest.*
– *Ein Salamibrot, getoastet, ohne Butter. Und ein Glas Apfelsaft, mit Wasser. Aber kein Sprudelwasser!*
– *Gut, sollst du haben. Will Schwester Maja auch was?*
– *Ja, das Gleiche!*

– *Isst du das zweite Brot noch?*
– *Nö.*

– Gut, dann nehme ich es.
– Schmeckt wirklich gut, Papa.
– Ja, Salamibrot ist was Leckeres. Wo wohnt denn deine Schwester Maja, wenn sie nicht bei uns ist?
– Habe ich doch schon erklärt: in Poopipääpi.
– Würde ich ja gern mal sehen, diese Stadt. Können wir sie besuchen?
– Ja, wir können hinfahren. Ich habe ihr schon gesagt, dass du kommst. Männer dürfen da aber nicht hin. Schwester Maja mag keine Jungs. Aber du bist mein Papa. Du darfst das. Ich habe sie schon gefragt.
– Was für eine Ehre. Wo liegt das eigentlich, Poopipääpi?
– In den Bergen! In den Bergen! Weit weg. Wir müssen mit dem Zug fahren, erst mit dem Zug, und dann reiten, auf den Pferden, in die Berge, bis zu Schwester Majas Haus.
– Kannst du denn reiten, auf einem Pferd?
– Ja. Schwester Maja hat es mir beigebracht! Ich habe da ein Pony.
– Sag mal, eines wollt ich doch noch fragen: Gibt es sie wirklich, diese Schwester Maja? Und ihre Stadt, Poopipääpi?
– Aber natürlich! Morgen fahren wir hin!

Bin das ich?

*Und wohin uns diese
Frage führen kann*

Schwierig. Mit dem rechten Zeigefinger auf den Lippen und Blick zum Boden drehst du deine Kreise. Spielst nachdenken. Oder denkst tatsächlich nach. Begutachtest deine Plüschtiere, bewertest deine Puppen. Was mitnehmen, wen zurücklassen? Schon morgen früh, hast du beschlossen, werden wir aufbrechen, in das Land deiner imaginären Freundin Schwester Maja – nach Poopipääpi, hinter den Bergen. Und nur ein kleiner Rucksack als Gepäck. Da ist guter Rat teuer.

– *Nimm ja nicht zu viel mit. Sonst tut dir dein Rücken bald weh. Was wir für so eine Reise vor allem brauchen, ist eine gute Karte. Nicht, dass wir uns am Ende noch verlaufen.*
– *Ich kann eine Karte malen! Ich weiß ja genau, wo es liegt.*
– *Gut. Dann zeichne du die Karte. Ich kümmere mich um unsere Pässe, damit wir an der Grenze keine Schwierigkeiten bekommen.*
– *Aber ich finde meine Stifte nicht! Wo sind nur meine Stifte?*
– *Vermutlich dort, wo du sie zuletzt hast liegen lassen.*

– *Ich weiß aber nicht mehr, wo ich sie das letzte Mal hingelegt habe.*
– *Dann mach deine Augen auf und suche! Dinge lösen sich nicht einfach in Luft auf. Vielleicht auf dem Schreibtisch, wo sie hingehören?*
– *Ja, da sind sie! Da sind sie!*

Endlich hast du dich an deinen kleinen Tisch gesetzt, ein Blatt Papier genommen, bist still und konzentriert. Jetzt muss ich nur noch unsere Pässe finden. Irgendwo hier, in der untersten Schublade, müsste sie eigentlich stecken, die kleine schwarze Tasche, mit allem drin, was wir sind, sämtlichen Identitätsnachweisen. Auch dir haben sie ja bereits deinen eigenen Pass verordnet, sonst hätten sie dich damals nicht in die USA einreisen lassen.

– *Papa, hast du unsere Pässe gefunden?*
– *Was glaubst du denn? Alles da!*
– *Gib mir meinen, ich packe ihn in den Rucksack.*
– *Aber nicht verlieren, verstanden?*
– *Jaja, ich passe gut darauf auf. Versprochen. Wie kommt das denn da rein?*
– *Was?*
– *Na, das graue Bild hier.*
– *Zeig mal. Sieht aus wie eine Ultraschallaufnahme. Von Mamas Bauch. Als sie mit dir schwanger war. Siehst du den kleinen dunklen Punkt da?*
– *Bin das ich?*
– *Könnte man so sagen. Damals warst du erst acht, neun Wochen alt.*

– Sieht mir aber überhaupt nicht ähnlich.
– Stimmt. Eher wie ein Bohne.
– Oder eine Raupe!

Nupf haben wir dich damals genannt. Wir wussten ja noch nichts Genaueres. Außer, dass da etwas auf dem Weg war. Etwas, das, ginge nur alles seinen erhofften Gang, schon wenige Jahre darauf in der Lage sein würde, uns in die Augen zu sehen und zum Beispiel zu fragen: »Bin das ich?« Ein, wie sagt es der Philosoph John Locke so schön, »denkendes, verständiges Wesen, das Vernunft und Überlegung besitzt und sich selbst als sich selbst betrachten kann. Also eine Person.« Das bist du ganz offenbar geworden: eine Person. Hast es eben zweifelsfrei bewiesen. Mit deiner Frage. Nichts gegen den Rest des belebten Universums. Es mag ja Schimpansen geben, die sich im Spiegel erkennen und die womöglich sogar in der Lage sind, ein Foto in ihrem Schimpansenpass als ein Foto von sich zu identifizieren. Aber ein Ultraschallbild aus der achten Woche der eigenen Entwicklung zu betrachten und dann spontan zu fragen: »Bin das ich?«, das können nur welche wie wir – Menschen. »Daß der Mensch in seiner Vorstellung das Ich haben kann«, leitet Immanuel Kant seine Anthropologie ein, »erhebt ihn unendlich über alle anderen auf Erden lebende Wesen. Dadurch ist er eine Person und vermöge der Einheit des Bewußtseins bei allen Veränderungen, die ihm zustoßen mögen, eine und dieselbe Person, d.i. ein von Sachen, dergleichen die vernunftlosen Thiere sind, mit denen man nach Belieben schalten und walten kann, durch Rang und Würde ganz unterschiedenes Wesen …«

Herrliche, erhebende Worte. Zumindest für die, die dazugehören.

– *Was habe ich denn da gemacht, in Mamas Bauch?*
– *Du hast gar nichts gemacht. Du hast einfach dagelegen, eingenistet, und bist versorgt worden, über einen kleinen Schlauch. Siehst du, da, wo jetzt dein Bauchnabel ist, das war die Verbindungsstelle.*
– *Weiß ich doch.*
– *Klar, weißt du. Und gewachsen bist du, hast in rasendem Tempo deine Gestalt verändert, jeden Tag, von Woche zu Woche.*
– *So wie eine Raupe?*
– *Nur noch schneller, und vielfältiger. Aus der Raupe wurde ein Fisch mit Kiemen, dann hattest du einen Schwanz wie eine Eidechse, sahst aus wie eine Maus, mit großen Ohren, wie eine Gazelle, mit Hufen, einen Rüssel hattest du, wie ein Elefant, und Woche für Woche wurde aus dem Rüssel dein Mund, aus den Hufen wurden deine Finger und Zehen, aus dem Panzer deine Haut, aus den Kiemen deine Lungen … und schließlich ein ganzer Mensch, auch wenn ich es selbst kaum glauben kann, jetzt, wo ich es erzähle.*
– *Kann ich mich überhaupt nicht dran erinnern.*
– *Du hast ja auch kein Elefantengedächtnis.*
– *War ich wirklich mal ein Elefant?*
– *Ja, ein ganz kleines bisschen schon.*

Ob das du bist, auf dem Ultraschallbild? Dieselbe, die du heute bist? Und wenn ja, dieselbe was? Dieselbe Person? Dasselbe ich? Derselbe Mensch? Dasselbe Individuum?

Klar warst das schon du. Jedenfalls führt eine Entwicklungslinie von dem 30-Millimeter-Zellhaufen auf dem Bild zu dem Wesen, das im Moment selbstbewusst durchs Zimmer trötet.

Allerdings warst du damals ganz sicher kein Ich, hattest nicht einmal Bedürfnisse, die es wert wären, menschlich genannt zu werden. Ohne Gehirn, Rückenmark, Organe, Augen. Anschallen konnte man dich. Per Sonar. Aber nicht ansprechen. Denn da war noch kein Inneres, zu dem die Ansprache hätte vordringen können.

Nein, das warst nicht du. Das war überhaupt kein Du – auch wenn darin schon alles, was du jetzt bist, als Möglichkeit schlummerte. In deinen Genen, deinem damals schon einzigartigen menschlichen Muster.

Das da, auf dem Passfoto, bist du. Im Alter von 13 Monaten. Da war dein Licht schon angeknipst, hattest du schon deine ganz eigenen Bedürfnisse und Vorlieben. Angesprochen haben wir dich, bei deinem Namen genannt, wieder und wieder. Viel Vernünftiges kam allerdings nicht zurück, ein Lallen und Glucksen, begleitet von diffusen Zeigegesten. Im Spiegel hast du dich schon erkannt (Da! Da!), aber »ich« konntest du noch nicht sagen.

Ähnlich siehst du dem Baby von damals allerdings nicht mehr. Ein skeptischer Grenzbeamter möchte schon seine Zweifel anmelden. Mal sehen.

- Schwester Maja sagt, sie war auch schon einmal ein Elefant, in Afrika …
- Halt! Stehen bleiben. Grenzkontrolle. Dürfte ich um Ihren Ausweis bitten?
- Den habe ich … Wo ist er denn jetzt?
- Ist das hier vielleicht Ihr Ausweis? Er wurde hier vor Kurzem gefunden.
- Ja, das ist er!
- Wollen Sie nicht erst einmal nachsehen, ob es auch wirklich Ihrer ist?
- Ja, das bin ich, hier auf dem Foto. Guck mal!
- Soso. Können Sie sich noch erinnern, wo und wann dieses Foto aufgenommen wurde?
- Äh, nein.
- Das Mädchen auf dem Foto ist wesentlich jünger als Sie. Das hat bestimmt noch in die Hosen gemacht.
- Da war ich noch kleiner, erst soooo Jahre alt.
- Aha, und jetzt machen Sie also nicht mehr in die Hosen?
- Nein, das machen doch nur Babys.
- Und Fahrradfahren konnten Sie damals auch noch nicht, nehme ich an. Ohne Stützräder.
- Nein, dafür war ich noch zu klein.
- Aha! Aber das wollen trotzdem noch Sie sein. Das ist aber alles sehr, sehr merkwürdig. Schwindeln Sie mich auch nicht an?
- Nein, das bin wirklich ich, schau doch mal hin!
- Kann ja jedes kleine Mädchen kommen, mir ein Bild zeigen und sagen: Das bin ich!
- Aber das bin ich! (Panisch.) Das bin ich wirklich!

– *Nun gut, dann wollen wir noch mal ein Auge zudrü-*
  cken. Wohin soll es denn gehen?
– *Nach Poopipääpi, zu meiner großen Schwester*
  Maja!
– *Wünsche gute Reise.*

– *Schau mal, Papa, die Karte! Ich habe alles genau*
  gemalt. Hier, da oben, das Haus mit dem Pferd, das
  ist Poopipääpi.
– *Verstehe. Und wo sind wir?*
– *Da unten. Ganz am Anfang. Siehst du, der kleine*
  schwarze Punkt da, das bin ich.
– *Aha, und wo bin ich?*
– *Dich habe ich vergessen.*
– *Das sieht dir ähnlich.*

Du kannst einfach nicht davon lassen. Drehst es nach allen Seiten und Richtungen, hältst es prüfend gegen das Licht. Der Wurm da, auf dem Ultraschallbild, das sollst einmal du gewesen sein. Ein frühes Stadium deiner Selbst.

– *Wer hat das Bild denn gemacht?*
– *Die Frauenärztin, mit einer Spezialmaschine. Zuerst hat sie Mamas Bauch mit einem kühlen Gel eingerieben und dann das Gerät entlanggeführt. Die Maschine gab dabei hohe, spitze Töne von sich, die dann aus Mamas Bauch zurückkamen, wie ein Echo. Das Echo wurde von der Maschine aufgefangen, und die hat die Schallwellen in ein Bild umgewandelt.*
– *Ja.*
– *So ganz verstehe ich es auch nicht.*
– *Wie hat die Maschine denn geschrien? Etwa so: Iiiiiiik! Iiiiiiik!?*
– *Ja, du kannst es ja mal ausprobieren, an meinem Bauch.*
– *Iiiiiiik! Iiiiiiik!*
– *Und? Was sagt der Bauch?*

– Nix. Hör nur Blubbern.
– Kein Kind, oder so was?
– Quatsch, Papa. Männer kriegen doch keine Kinder.
– Stimmt. Hätte ich fast vergessen.
– Und das da, auf dem Bild, ist das ein Pippeli?
– Würde mich wundern, wohl eher die Nabelschnur.
  Auf der Aufnahme lässt sich noch nicht erkennen, ob
  du ein Junge oder ein Mädchen werden solltest.
– Hätte ich dann auch ein Junge werden können?
– Du nicht. Dann wärst du ja jetzt jemand anderes.
– Ja. Dein Sohn nämlich.
– Eben. Aber ich weiß, was du meinst. Wir konnten uns
  das nicht aussuchen, ob du ein Junge oder ein Mäd-
  chen wirst. Und wollten es auch gar nicht. Das ent-
  scheidet die Natur. Manche Kinder werden Jungen,
  manche Mädchen. Ein paar Wochen später, als wir
  wieder beim Arzt waren, ließ sich schon ganz deut-
  lich erkennen, dass du ein Mädchen bist.
– Wie denn?
– Rate mal.
– Na an der Pimpsa!
– Genau. Wärst du denn lieber ein Junge?
– Nein. Nein. Ich will lieber ein Mädchen sein. Oder
  eine Frau. Damit ich eine Mama werden kann.
– Dann sind ja alle zufrieden.
– Schau mal, Papa, mein Bauch, der ist so ein bisschen
  dick, ich glaube, da ist auch schon ein Kind drin.
– Lass mal hören. Das hat noch etwas Zeit, wenn du
  mich fragst.

Immer wieder kreiste der Arzt dich ein, belauschte dich, nahm dich ins Visier, vermaß dich aus jedem denkbaren Winkel, und mit jeder prüfenden Wiederholung stieg die Angst höher in uns empor. Wie war sie zu deuten, die tonlos vorgetragene Bitte, erst noch einmal im Wartezimmer Platz zu nehmen, um einen Bogen auszufüllen, der genaueste Fragen nach der genetischen Geschichte der Eltern und Elterseltern enthielt, als weitere Parameter in der komplexen Gleichung deines Restrisikos?

Es ist doch alles in Ordnung, nicht wahr? Ist es doch? Oder hätte die Natur mit der gleichen Gleichgültigkeit, mit der sie über dein Geschlecht bestimmte, auch andere Eigenschaften deines Werdens festgelegt, Eigenschaften, die es dir ein Leben lang verwehren würden, ein geordnetes Gespräch mit uns zu führen; oder nur ein einziges Mal, für dich, im Stillen, darüber nachzudenken, ob es mit dir und der Welt, in der du lebst, nicht auch ganz anders hätte kommen können; oder zu spielen, wie du jetzt spielst, in verschiedenen Rollen, als Herrin deines Puppenhauses.

– *An wie viele Kinder hast du denn so gedacht, wenn du mal Frau bist?*
– *Drei oder vier. Drei Mädchen und zwei Jungen.*
– *Das sind aber fünf, also mindestens ein Kind zu viel.*
– *Oh, dann zwei Jungen weniger.*
– *Also nur Mädchen?*
– *Nein, vielleicht doch auch ein Junge. Ich weiß noch nicht. Ist mir auch gar nicht so wichtig.*
– *Das klingt schon mal vernünftig.*

**Habt ihr mich so gewollt,
wie ich bin?**

*Und weshalb das eine
erstklassige Frage sein wird*

»Auf den Schoß.« Eine Frage war das nicht. Auch keine
Bitte. Du bist einfach gesprungen. In mich hinein. Auf
mich drauf. Liegst eingekauert wie einst. Brauchst das
noch. Jeden Tag. Kraft tanken. Und Wärme. Dich strei-
cheln lassen. Und lausen, wie ein Äffchen.

– *Meine Güte, sind aber ganz schön verfilzt, deine
Haare hier hinten. Die sollten wir mal wieder ordent-
lich durchkämmen. Am besten mit deiner neuen
Prinzessinnen-Bürste, was meinst du?*
– *Aber erst schmusen.*
– *Gut, erst schmusen, dann kämmen. Habe ich dir
eigentlich schon einmal die Geschichte von Opas
Traum auf der Lichtung erzählt?*
– *Nein, hast du nicht.*
– *Was? Das gibt es doch nicht. Dabei ist es die erste
Geschichte, an die ich mich erinnern kann. Ich weiß
es noch genau, so alt wie du war ich, als der Opa sie
mir erzählte, und auf seinem Schoß saß ich, genau so
wie du jetzt bei mir. Es ist allerdings eine sehr merk-
würdige Geschichte. Willst du sie dennoch hören?*
– *Aber ja, erzähl!*

26

– Also, als der Opa noch ein junger Mann war, so
jung, dass er noch nicht einmal die Oma kennen-
gelernt hatte, war er eines Tages, an einem schönen
Sommerabend, von einem Badesee mit dem Fahrrad
durch den Wald nach Hause gefahren, als er plötzlich
eine Musik vernahm, fremdartig und schön, wie von
einem gläsernen Glockenspiel. Neugierig geworden,
was es damit wohl auf sich haben mochte, hielt er
an, stellte sein Fahrrad am Wegesrand ab und folgte
der fremden Melodie. Tief und immer tiefer führte
sie ihn in den Wald hinein, bis er schließlich zu einer
wundersamen Lichtung gelangte. In allen Farben
fiel das Licht dort auf den Waldboden, wie am Ende
eines Regenbogens, nur heller noch und kräftiger, so
bezaubernd schön und glitzernd, dass der Opa sich
unwiderstehlich davon angezogen fühlte. Doch mit
jedem Schritt, den er näher kam, um ins Licht zu treten, spürte er eine größere Müdigkeit in sich aufstei-
gen, bis er sich schließlich nicht mehr auf den Beinen
halten konnte und in einen tiefen Traum fiel.
– Was hat er denn geträumt?
– In seinem Traum sah er, wie Kinder auf der Lichtung
spielten und tanzten, viele Kinder, mehr, als er zählen konnte, und keines glich dem anderen. Mädchen
und Jungen sah er dort, große und kleine, dünne und
dicke, in allen Hautfarben und Verschiedenheiten, die
du dir nur denken kannst. Und plötzlich bemerkte
er im Traum, wie eine Frau neben ihm stand, hoch-
gewachsen und in einem weißen Gewand. Sie sprach
mit sanfter Stimme: »Wähle!«
Zuerst begriff der Opa nicht recht, was damit ge-

meint sein konnte, doch dann wurde ihm klar, dass er sich ein Kind aus der Schar würde aussuchen dürfen. Und es gab ja da diesen Jungen, der ihm gleich aufgefallen war und der ihm besonders gut gefiel, besser als alle anderen Kinder. Er hatte blonde Haare, braune Augen und Sommersprossen, bewegte sich schnell und gewandt, in der Nase bohren konnte er und sogar durch die Finger pfeifen, und er beschrieb ihn mir in allen Einzelheiten, der Opa, diesen Jungen in seinem Traum. »Ruf ihn. Er wird dich hören!«, sprach da die Frau im weißen Kleid, und also rief der Opa: »Hier bin ich, Junge, hier bin ich! Komm zu mir!«

– Und was hat der Junge gemacht?

– Er freute sich, begann zu lachen, strahlte über das ganze Gesicht und rannte los, als ob er nur auf diesen Ruf gewartet hätte, mit weit geöffneten Armen, direkt auf den Opa zu. Doch genau in dem Moment, als der Opa den Jungen fest in seine Arme schließen wollte, erklang ein lautes Donnern und Dröhnen, und der Opa fand sich auf dem Waldboden wieder, erwacht aus seinem Traum. Die Musik war verstummt, das schillernde Licht erloschen.

Also stand er auf und ging zurück zu seinem Fahrrad, ganz verwirrt und aufgewühlt von dem Erlebten, das kannst du dir sicher vorstellen, und doch so glücklich und innerlich zufrieden, wie er es nie zuvor in seinem Leben gewesen war.

– Weshalb war er denn so glücklich?

– Weil er im Herzen wusste, dass ihm in diesem Traum der Sohn erschienen war, den er später einmal haben

28

würde. Und so ist es dann auch geschehen. Denn ich,
hat der Opa mir damals auf seinem Schoß erklärt,
würde ja tatsächlich genauso wie der Junge auf der
Lichtung aussehen, ihm in allen Einzelheiten glei-
chen – mit meinen blonden Haaren, braunen Augen
und Sommersprossen.
- *Komische Geschichte.*
- *Aber weißt du, was das Merkwürdigste daran ist?*
- *Nein, was denn?*
- *Aber das bleibt unser Geheimnis, versprochen?*
- *Versprochen.*
- *Als ich dann selbst schon ein junger Mann war, be-*
  gab es sich, dass auch ich an einem schönen Sommer-
  tag so ganz allein mit dem Fahrrad vom See durch
  den Wald nach Hause fuhr. Und plötzlich, ich konnte
  es selbst kaum glauben, hörte auch ich so eine Musik,
  fremd und schön, tief aus dem Wald. Und natürlich
  bin auch ich ihr gefolgt, so wie der Opa damals.
- *Wirklich?*
- *Aber ja, wenn ich es dir doch sage. Allerdings habe*
  ich mir in meinem Traum keinen Jungen ausgesucht,
  sondern ein kleines Mädchen. Es stand da, auf der
  Lichtung, ich weiß es noch wie heute, ein wenig ab-
  seits der anderen …
- *Wie sah es denn aus?*

Und wie ich dir das Mädchen aus meinem Traum be-
schreibe (»Genauso wie ich! Genau wie ich!« – »Jaja,
stell dir das mal vor!«), wollte ich zwar nicht be-
schwören, dass du jedes meiner Worte für bare Münze
nimmst, aber auch du hörst sie gern genug, deine

Geschichte. Du begreifst, was sie dir sagen will. Und nicht einmal in deinen dunkelsten Kinderträumen, hoffe ich, würde es dir einfallen zu fragen: Aber was, mein lieber Vater, wenn ich ganz anders ausgesehen hätte als das Mädchen in deinem Traum? Hättest du mich dann weniger gewollt, weniger lieb?

Du bist noch wunderbar blind für diese Frage. So blind wie ich für eine mögliche Antwort. Die gleiche Geschichte hätte ich dir erzählt. Mit dir. Immer mit dir. Darin besteht unser Geheimnis.

– *Süße, so schön bist du nun auch wieder nicht, dass du dich stundenlang im Spiegel bewundern müsstest.*
– *Doch, ich bin sehr schön, ich bin nämlich eine Prinzessin.*
– *Was machen Prinzessinnen eigentlich den lieben langen Tag? Ich habe das nie so richtig begriffen.*
– *Sie sind Prinzessinnen. Manchmal heiraten sie. Und sie kämmen sich und ziehen schöne Kleider an und tanzen auf Bällen und werfen goldene Kugeln in den Brunnen.*
– *Klingt aber ziemlich langweilig auf die Dauer. Man kann schließlich nicht jeden Tag heiraten. Nicht mal als Prinzessin.*
– *Gar nicht langweilig. Und mein Prinzessinnenkleid nehme ich mit, morgen, auf die Reise nach Poopipääpi, damit ich schön bin, für den Prinz.*
– *Ich dachte, in Poopipääpi gibt es keine Prinzen. Schwester Maja mag doch keine Jungs, hast du gesagt.*

- Doch, Prinzen gibt es. Die mag sie.
- Aber überleg doch mal, wie umständlich das wird, im Zug, mit dem langen Kleid, und erst auf dem Pony, da wird das Kleid bestimmt schmutzig. Ich kann mir nicht vorstellen, dass der Prinz sich eine Prinzessin mit einem Fleck auf dem Kleid zur Frau nehmen will.
- Dann packe ich das Kleid eben in den Rucksack und ziehe es an, wenn wir angekommen sind.
- Da passt es aber nicht mehr hinein, oder du musst deine liebsten Plüschtiere zu Hause lassen.
- Die müssen aber mit!
- Beides geht nicht. Da musst du dich entscheiden.
- Will aber!
- Überleg es dir einfach noch mal. Ist ja noch etwas Zeit bis dahin.

Wer erzählt diese Geschichte?

Und warum es so schön ist,
dieser Frage nachzugehen

Noch einen Zentimeter näher und deine Nase berührt die Seite. Als ob du hineinkriechen wolltest in die Geschichte, am liebsten sofort mit einziehen in das Haus des kleinen Bären und des kleinen Tigers, dort unten am Fluss, wo der Rauch aufsteigt.

— *Liebes, so kann ich nichts mehr sehen. Und wenn ich das Buch nicht sehen kann, kann ich nicht daraus vorlesen. Das habe ich dir schon tausendmal erklärt.*
— *'tschuldigung, wollte mir ja nur den Schornstein kurz etwas genauer angucken.*

Zwei Seiten in zehn Minuten. In dem Tempo schaffen wir es heute nicht mehr nach Panama. Keine Chance. Dabei wollen der kleine Bär und der Tiger da unbedingt hin. In der Geschichte. Samt Tigerente. Geduld. Geht doch alles seinen gewollten Gang. Jeder Satz der Geschichte ruft eine Frage über die sogenannte Wirklichkeit hervor. Wie funktioniert ein Schornstein? Was ist Waldbeerenkompott? Und natürlich: Wo ist Panama?

Die Realität mit der Fiktion erklären, wie es Väter seit Urzeiten tun. Nichts könnte uns Menschen geläufiger sein … Nur beim Thema Panama verspüre ich Zweifel. Ob das Land wohl auch in einer Welt, in der Bären kochen und Tiger Pilze sammeln, mitten in Mittelamerika liegt?

– *Am besten, wir fragen jemanden, der sich damit auskennt. Die im Buch wissen das bestimmt. Also weiterlesen?*
– *Ja, weiterlesen.*

Der kleine Bär und der kleine Tiger ziehen los und fragen ihre Freunde, wo Panama ist. Aber keiner kennt sich aus. Nicht der Hase, nicht der Fuchs und nicht der Igel. Trotzdem tun alle so, als wüssten sie genau Bescheid, und geben dann irgendeine Antwort. Bereits auf Seite sechs haben die beiden sich hoffnungslos verlaufen. Dir gefällt das. Mir auch. Von Mitleid keine Spur.

Jetzt ziehen auch noch Wolken auf. Und das Wasser tropft vom Himmel. Und tropft und tropft.

»Wenn bloß meine Tiger-Ente nicht nass wird«, sagte der kleine Tiger, »dann fürchte ich mich vor nichts.«
*Wo habt ihr denn euren schönen Regenschirm, kleiner Bär und kleiner Tiger? – Hängt zu Hause an der Tür. Jaja!** *

---

* Aus: Janosch, *Ach wie schön ist Panama,* Weinheim 1996.

- Den Regenschirm vergessen. Ist doch jedem von uns schon einmal passiert, nicht wahr?
- Ja, ja, aber, Papa, wer sagt denn das?
- Wer sagt was?
- Na, das mit dem Regenschirm.
- Du meinst, wer da im strömenden Regen zum kleinen Bären und dem kleinen Tiger spricht?
- Ja.
- Na, vermutlich derjenige, der sich die Geschichte ausgedacht hat. Der Autor des Buches. Sein Name steht auf dem Einband. Siehst du, hier, ganz oben. Er heißt Janosch*
- Das ist aber ein lustiger Name.
- Soll auch lustig klingen. Janosch ist ein Künstlername.
- Was ist denn ein Künstlername?
- So etwas Ähnliches wie ein Spitzname. Nur eben für Menschen, die Künstler sind.
- Und wie heißt der Janosch in echt?
- Weiß ich nicht. Vielleicht Horst. Oder Karel.
- Und Janosch ist sein Spitzname?
- So nennt er sich, wenn er Bücher schreibt. Ist gar nicht schwierig. Du könntest dir zum Beispiel für den Kindergarten einen Bildermalnamen zulegen.
- Welchen denn?
- Denk dir einfach einen aus!
- Maja!
- Gut. Damit sind von heute an alle Bilder, die du malst, Werke der großen Malerin Maja.
- Aber Papa, dann weiß doch keiner mehr, dass ich die Bilder gemalt habe.

– *Ich schon. Ich weiß ja, dass Maja dein Bildermal-name ist.*
– *Möchte ich nicht.*

Das kann ich nachvollziehen. Aber wenigstens weißt du jetzt, wer hinter dieser Geschichte steckt: ein Horst, der sich Janosch nennt. Der hat sich das Abenteuer ausgedacht und dann aufgeschrieben. Möglicherweise hat er sich die Geschichte auch erst beim Schreiben ausgedacht. Oder er hat sie geträumt und dann aufgeschrieben. Oder er hat sie einfach aufgeschrieben, ohne darüber nachzudenken. Bei Menschen mit Künstlernamen weiß man das ja nie so genau.

Ist im Grunde auch egal, was er sich dabei gedacht hat. Für uns beide jedenfalls. Wir, auf unserem Vorlesesofa, haben doch alles, was wir für den Moment brauchen: das Buch, die Geschichte, den Text. Schwarz auf weiß gedruckt, direkt vor unserer Nase, mit bunten Bildern.

Die Zeichen sprechen für sich. Die brauchen keinen Autor mehr. Die kommen hervorragend allein zurecht. Wäre ja auch noch schöner. Denn wer weiß, vielleicht ist Janosch gar kein Mann, sondern eine Frau. Oder der Name für ein ganzes Künstlerkollektiv auf einer abgelegenen Ranch in Mallorca. Wen kümmert's, wer das schrieb und weshalb? Würde das irgendetwas an der Geschichte ändern? An ihrem Wert? An ihrer Bedeutung? Für dich? Bestimmt nicht.

- *Warum interessiert dich das denn, mit dem Autor?*
- *Einfach so, damit ich weiß, wer es ist.*
- *Leider weiß ich nichts Näheres über diesen Janosch. Wer er ist. Und wo er lebt.*
- *Ist nicht so schlimm.*
- *Aber wir können ja versuchen, uns vorzustellen, was für ein Mensch diese Geschichte wohl geschrieben haben mag. So ähnlich wie der kleine Bär sich Panama vorstellt, obwohl er nicht mehr hat als eine Kiste, auf der Panama steht und die nach Bananen riecht.*
- *Glaubst du, Janosch riecht auch nach Bananen?*
- *Nein, ich glaube eher, er lebt in einer kleinen Hütte und riecht nach Waldbeerenkompott …*
- *… und hat so einen komischen Schlapphut auf dem Kopf!*

Möglich wär's. Gut möglich sogar. Irgendwer wird es schon geschrieben haben, dieses Buch, so viel ist mal sicher. Und auf irgendeine Weise steckt er deshalb auch zweifellos mit drin in diesem Buch, der Janosch – oder wer immer es sein mag, der seinen Namen trägt. In jedem Satz ist er präsent. In allem, was der kleine Bär sagt, der Tiger und auch der Erzähler.

Und das war ja wohl, wie ich erst jetzt begreife, deine eigentliche Frage: Nicht, wer dieses Buch *geschrieben* hat, sondern, wer den kleinen Bären und den kleinen Tiger *in* der Geschichte nach dem Regenschirm fragt.

- *Weißt du, wenn ich es mir genau überlege, ist es nicht Janosch, der das mit dem Regenschirm sagt.*
- *Nicht Janosch? Wer denn?*
- *Der Erzähler dieser Geschichte sagt das.*
- *Und wer ist das?*
- *Kann ich dir nicht genau sagen. Steht nicht im Text. Janosch hat ihm keinen Namen gegeben.*
- *Kann der kleine Bär den Erzähler hören?*
- *Sieht nicht so aus.*
- *Und warum sagt er es dann?*
- *Damit kleine Kinder sich erinnern, ihren Regenschirm mitzunehmen, wenn sie auf Reisen gehen.*

Du starrst auf das Bild.

Ich wünschte wirklich, ich könnte es dir erklären. Aber glaub mir, die meisten Menschen begreifen es nie. Wie die beiden nun genau miteinander zusammenhängen, der Autor und der Erzähler – unsere Welt und die im Buch.

- *Ach, Papa, jetzt lies doch weiter.*
- *Mach ich.*

Aus Panama wurde natürlich nichts. Bei all den falschen Wegweisern und widersprüchlichen Hinweisen, die sie von ihren Freunden erhielten, sind der kleine Bär und der kleine Tiger in Wahrheit im Kreis gelaufen – und am Ende wieder in ihrer eigenen Hütte gelandet, unten am Fluss, wo der Rauch aufsteigt.

*Du meinst, dann hätten sie doch gleich zu Hause
    bleiben können?*

*Du meinst, dann hätten sie sich den weiten Weg
    gespart?*

*O nein, denn sie hätten den Fuchs nicht getroffen, und
    die Krähe nicht. Und sie hätten den Hasen und den
    Igel nicht getroffen, und sie hätten nie erfahren, wie
    gemütlich so ein schönes, weiches Sofa ist.**

Und das ist wirklich ein verdammt schöner Schluss für
diese Geschichte. Ganz egal, wer sie nun verzapft hat.

* Aus: Ebenda (siehe Fußnote auf S. 33)

Schaut uns der liebe Gott gerade zu?

Und warum diese Frage wahre Wunder wirkt

Was soll ich bloß machen, damit du groß und stark wirst? Du kannst dich schließlich nicht dein ganzes Leben von Salamibrot ernähren. Anbieten, immer wieder anbieten. Das kann ich. Hartnäckig bleiben, dir die Sache möglichst schmackhaft machen. Aber am Ende hilft alles nichts. Da muss es von dir kommen, das Bedürfnis, einfach mal was Anständiges zu dir zu nehmen.

– *Was gibt es denn heute?*
– *Du, ganz was Feines. Und Lustiges: Eine Fleischsuppe, mit Buchstaben drin!*
– *Juhu, das mag ich!*
– *Das sagst du jedes Mal. Und lässt dann doch die Hälfte stehen.*
– *Aber heute nicht!*
– *Dein Wort in Gottes Ohr.*
– *Wieso denn Gottes Ohr? Komisch.*
– *Ist nur so eine Redensart.*
– *Papa, warum beten wir eigentlich nicht vor dem Essen, so wie bei Tante Gisela?*
– *… Iss jetzt mal, sonst wird die Suppe kalt. Und schön vom Rand löffeln. Da ist es nicht so heiß.*

- Tante Gisela sagt, man muss den Teller immer leer essen.
- Richtig. Sehr richtig. Hat sie dir auch erklärt, weshalb?
- Weil der liebe Gott uns zuschaut, und weil er will, dass Kinder ihren Teller leer essen.
- Und was geschieht, wenn du nicht alles aufisst?
- Dann wird der liebe Gott traurig.
- Und der Papa wird traurig! Nicht vergessen, der Papa auch!
- Ja. Aber du machst kein schlechtes Wetter.
- Das stimmt.
- Wenn der liebe Gott traurig ist, muss er nämlich weinen, und dann regnet es. Der liebe Gott macht das Wetter, er hat überhaupt alles gemacht, die ganze Welt und alles darin, jedes Tier und jeden Menschen, jede Pflanze, das Meer und die Berge. Auch mich, sagt die Tante Gisela. Deswegen hat er mich auch so lieb und will, dass ich den Teller leer esse.

Die gute Gisela. Jede Geschichte ein kleiner Gottesbeweis. Klingt ja auch ganz vernünftig. Wir machen den Regen wirklich nicht. Andererseits wird es schon seinen jeweiligen Grund haben, weshalb es regnet. Oder zumindest seine Ursache. Und diese Ursache ist natürlich nichts anderes als die Wirkung einer anderen Ursache … Und irgendwann muss es ja schließlich mal angefangen haben, mit der Welt, dem Universum, alldem, was ist. Also muss es irgendwann einmal eine ganz besondere Ursache gegeben haben, der keine weitere Ursache vorausging, sondern die – irgendwie – aus sich selbst heraus wirksam wurde: ein Grund, auf dem alles gründet, ein unbewegter Beweger, oder wie auch immer man es nennen will. Und wenn es diese allererste Ursache gab, dann – da lässt sich Tante Gisela schwer widersprechen – hat diese *Ur-Sache* in gewisser Weise tatsächlich alles geschaffen, was es gibt. Gisela nennt sie Gott. Damit ist sie nicht allein.

So weit gedacht, muss Gisela eigentlich nur noch die Augen aufmachen, und sie erblickt eine Welt, die im Großen und Ganzen den Eindruck hinterlässt, als sei sie fein geplant und bestens aufeinander abgestimmt. Da muss doch, denkt Gisela, Vernunft dahinterstecken. Eine Art Plan. Und wo ein Plan ist, da ist auch ein Planer. Planen aber lässt es sich am besten von ganz oben. Und natürlich empfindet ein Schöpfer etwas für seine Geschöpfe; wie ein Vater eben etwas empfindet für seine Kinder.

An diesem potenziell alles und jedes erklärenden Weltmodell ist absolut nichts auszusetzen – mal abgesehen davon, dass es zu ihm eine schwer überschaubare Anzahl von mindestens ebenso vernünftigen Alternativen gibt. Und es also nichts erklärt. Und nichts beweist. Sonderlich nicht die Existenz Gottes.

– *Als ich in deinem Alter war, habe ich meinen Teller*
  immer leer gegessen.
– *Stimmt gar nicht.*
– *Was? Woher willst du das denn wissen?*
– *Von Tante Gisela. Die sagt, du hast auch immer*
  schlecht gegessen.

– So. Sagt sie das. Immerhin ist mir jetzt klar, weshalb
  es in meiner Kindheit so oft geregnet hat.
– Papa, schaut uns der liebe Gott wirklich gerade zu, so
  wie Tante Gisela es sagt?
– Das ist möglich. Allerdings würde es mich wundern.
  So furchtbar interessant ist es ja nicht, uns beiden
  beim Suppeauslöffeln zuzusehen.
– Aber Er kann alles sehen.
– Alles gleichzeitig?
– Ja, Er kann alles sehen. Und Er weiß alles, sogar
  unsere Gedanken kennt er. Und Er hat alle Menschen
  lieb. Besonders die Kinder.
– Na, wenn Er tatsächlich alles sehen kann und alles
  weiß, dann weiß Er auch, dass wir beide im Moment
  hier sitzen und unsere Suppe essen. Das ist nur lo-
  gisch!
– Ja, logisch.

Aber wenn Er tatsächlich weiß, dass wir beide gerade
Suppe essen, weshalb sollte Er uns dann auch noch
dabei zusehen wollen? Und wenn Er *alles* weiß, dann
weiß Er doch auch, was wir beide noch nicht wissen,
nämlich, ob du deine Suppe heute auslöffeln wirst
oder nicht. Und wenn Er das schon weiß, weshalb
wohl wäre Er dann traurig oder gar ärgerlich mit dir?
Das liegt doch dann in Seiner Verantwortung – und
nicht etwa in deiner oder meiner. Sollte Er aber solche
alltäglichsten Kleinigkeiten nicht im Griff haben oder
haben wollen, dann, möchte man ahnen, liegt sehr viel
anderes auch nicht in Seiner Macht, so ziemlich alles,
was uns Menschen Tag für Tag betrifft und beküm-

mert (vom Wetter einmal abgesehen). Jedenfalls ist Er dann nicht *all*mächtig. Das ist auch logisch.

Die brockt uns ganz schön was ein, die Tante Gisela. Nicht eine dieser Fragen wüsste ich dir vernünftig zu beantworten. Und kenne auch keine einzige Menschenseele, die das könnte.

– *Papa, muss der liebe Gott auch Suppe essen?*
– *Nein. Bestimmt nicht. Sein Dasein ist von ganz anderer Art. Er muss nicht essen. Und auch nicht trinken.*
– *Wie groß ist er denn?*
– *Der Größte überhaupt.*
– *Größer als ein Riese?*
– *Viel größer.*
– *Aber Riesen gibt es nicht, in Wirklichkeit.*
– *Behauptet das die Tante Gisela?*
– *Nein, das hat mir die Mama erzählt, als ich einmal Angst hatte, vor dem Einschlafen.*
– *Also, ich habe auch noch keinen Riesen mit eigenen Augen gesehen. Was es allerdings gibt, sind Berichte von Menschen, die steif und fest behaupten, schon einmal leibhaftige Riesen gesehen und sogar mit ihnen gekämpft zu haben. Und wenn diese Berichte wahr sind, dann gibt es Riesen. Oder gab es zumindest früher welche.*
– *Und Gott ist noch größer als ein Riese?*
– *Gar kein Vergleich. Manche sagen, er ist so groß wie das Universum, andere behaupten, er sei sogar noch einen Tick größer. Diese Dinge sind schwer zu messen. In jedem Fall ist er der Größte; so groß, dass etwas Größeres gar nicht gedacht werden kann.*

Kannst du das – dir ein Wesen vorstellen, so groß,
dass es größer einfach nicht gedacht werden kann?
– *Weiß nicht.*
– *Versuche es mal, ich versuche es auch: Wir stellen uns*
jetzt beide ein Wesen vor, wie es größer einfach nicht
gedacht werden kann. Gut?
– *Gut.*
– *Also: Auf die Plätze, fertig, los!*

– *... Und: Wie groß ist es?*
– *Soooooooooooooooooooooooooooooooooo groß!*
– *Nicht schlecht. Meines war aller-*
dings noch ein bisschen größer, nämlich
soooooooooooooooooooooooooooooooooooo groß.
– *Und meins noch größer, das war nämlich sooooooooo*
oooooooooooooooooooooooooooooooooooooooooooo-
tausendkilometergroß!
– *Ich sehe schon, vom Prinzip her hast du es begriffen.*
Jetzt frage ich dich nur noch eines: Was, würdest du
sagen, ist größer: ein Riese, den es in Wirklichkeit
gibt, oder der gleiche Riese, den es nicht in Wirklich-
keit gibt, sondern nur in deiner Vorstellung?
– *Der richtige Riese natürlich!*
– *Aha. Und für Gott, den Größten überhaupt, wäre es*
dann doch auch so. Der wäre auch größer, wenn es
ihn tatsächlich gibt, und nicht nur allein in unserer
Vorstellung.
– *Ja.*
– *Also gibt es diesen Gott. Kein Zweifel möglich.*
– *Jaja, schon gut.*

Hauptsache, mal »jaja« gesagt. So beginnt das, mit der Religion. Erst werden wundersame Geschichten erzählt. Danach wird Suppe verteilt (»Brüderlich teilen!«), und im Zweifelsfall wird auf Nachfrage »jaja« gesagt. Der rechte Glaube wird sich dann schon einstellen. Und am Ende, möglicherweise, sogar die rechten Argumente.

– *Weißt du, jetzt kann ich es dir ja sagen. Bis heute habe ich nicht daran geglaubt, dass es Poopipääpi wirklich gibt, die Stadt deiner Schwester Maja, meine ich.*
– *Natürlich gibt es Poopipääpi!*
– *Jaja, das erkenne ich jetzt auch. Denn auch wenn ich sie noch nicht mit eigenen Augen gesehen habe, so ist Poopipääpi doch zweifellos eine Stadt, wie sie herrlicher nicht gedacht werden kann, oder?*
– *Ja, in Poopipääpi ist alles schön.*
– *Das kann ich mir vorstellen. Und ein Poopipääpi, das es wirklich gibt, ist nun einmal herrlicher als ein Poopipääpi, das es nur in unserer Vorstellung gibt. Oder?*
– *Klar!*
– *Also kann ich gar nicht anders, als mir Poopipääpi als existierend zu denken. Und jedem anderen Menschen muss es ganz genauso gehen.*
– *In Poopipääpi habe ich auch ein Pony.*
– *Herrlich, herrlich! Und in Poopipääpi essen sicher auch alle Kinder ihre Teller leer, oder wie ist das?*
– *Quatsch, Papa!*
– *Wieso denn Quatsch?*
– *Das kann ich dir jetzt nicht erklären.*

- *Aber deine Suppe essen, das kannst du hoffentlich noch.*
- *Nein, ich bin doch schon satt.*
- *Dann streng dich jetzt mal an. Ein bisschen was geht immer. Noch drei Löffel, okay?*
- *Na gut.*
- *Einen für die Oma, einen für den Opa und einen für die Tante Gisela!*
- *Und einen für den lieben Gott!*
- *Ja, warum nicht.*

– *Abputzen! Abputzen!*

– *Komme gleich!*

– *Aaaaabputzen!*

– *Nur noch einen Moment!*

– *AB-PUT-ZEN!*

– *Ja doch. Ich musste nur noch die Spülmaschine anstellen. Damit alles gemacht ist, wenn Gerald und Julia zu Besuch kommen.*

– *Bäääh. Stinkt!*

– *Könntest auch langsam mal selber abputzen, oder?*

– *Ich kann's doch nicht, meine Arme sind zu kurz. Ich komme nicht hin.*

– *Ich denke schon, dass du da hinkämst, wenn du nur wolltest.*

– *Aber ich sehe doch nix. Ich habe doch keine Augen am Popo.*

– *Du, ich habe auch keine Augen am Popo – und komme trotzdem allein zurecht. Also los, dann mach mal das Bärchen!*

– *Aber richtig abputzen!*

– *Klar, keine Sorge.*

Jeden Tag mindestens dreimal kommen wir uns auf diese Weise näher. Abputzen, die Prosa des Erziehens, der erste Standard, die gründlichste Grundlage. Verordnen kann ich dir die Scham ja nicht, aber aus meiner Sicht wäre es langsam Zeit für ein gewisses Unbehagen. Ein wenig mehr Eigeninitiative könntest du schon zeigen, wenn es um die Pflege deines Selbst geht.

– *Ich spüle!*
– *Gut, aber Händewaschen nicht vergessen!*
– *Oh. Natürlich.*
– *Und wo wir schon mal beim großen Reinemachen sind, könnten wir auch gleich dein Zimmer aufräumen, was meinst du?*
– *Och, Papa, muss das jetzt sein?*
– *Ja, muss es. Bei dir sieht es nämlich schon wieder aus, als hätte eine Bombe eingeschlagen.*
– *Ich habe doch nur gespielt.*
– *Eben. Keinen Schritt kann man tun, ohne auf irgendetwas zu treten. Der ganze Boden voll mit Spielsachen und Schnickschnack.*
– *Papa, ich habe aber jetzt keine Lust zu putzen.*
– *Um Lust geht es hier gar nicht. Ich habe auch keine Lust, dir jeden Tag den Popo abzuwischen. Außerdem sollst du auch gar nicht putzen, sondern erst einmal aufräumen. Das ist ein Unterschied.*
– *Wie denn?*
– *Beim Putzen geht es darum, etwas Verschmutztes zu säubern und zu reinigen. Fenster zum Beispiel. Oder Zähne. Oder Gewissen. Aufräumen heißt, die Dinge*

in eine gewisse Ordnung bringen; sie dahin stellen,
wo sie eigentlich hingehören, damit nicht alles durch-
einander geht.

– *Mir gefällt es aber so.*
– *Aber mir nicht. Vor allem, was sollen nur Gerald und*
Julia denken? Das ist sehr unhöflich, weißt du, Gäste
einzuladen und ihnen dann so einen Schweinestall
als Spielzimmer zu präsentieren. Dann glauben sie,
du willst eigentlich gar nicht, dass sie kommen. Und
wahrscheinlich denken sie auch »Och, unsere Cou-
sine ist ja noch ein Baby, die kann noch nicht mal ihr
eigenes Zimmer aufräumen«.
– *Stimmt gar nicht.*
– *Doch, genau das denken sie. Sie sind nur zu gut er-*
zogen, es dir ins Gesicht zu sagen.

Ich wünschte wirklich, es ginge anders. Doch ohne
konkreten Ächtungsdruck geht bei dir gar nichts. Da
fehlt einfach die nötige Motivation.

Schämen müssen willst du dich dann doch nicht vor
deiner großen, bewunderten Cousine – und schon gar
nicht vor Gerald. Ist ja nur wenige Monate älter als du.
Da wird einander genauestens beäugt.

– *Papa, allein schaffe ich das aber nicht.*
– *Doch, das schaffst du. Oder sind deine Arme dafür*
etwa auch zu kurz?
– *Neeiiin!*
– *Also mach mal! Ich wollte das Bad noch ein bisschen*
putzen, bevor die beiden kommen.
– *… Wenn sie Kacko machen müssen!*

- *Genau. Der Gerald putzt sich übrigens schon selber ab!*
- *Aber nachts macht er noch in die Hosen! Wie ein Baby. Hihi!*

Na also. Rein praktisch hast du es schon begriffen, wie das funktioniert mit dem Schwingen der Schamkeule. So werden die ersten für alle verbindlichen Alltags-normen verankert.

- *Am besten, du fängst mit dem Schaukelpferd an, das steht ja hier mitten im Weg.*
- *Wo soll es denn hin?*
- *Mensch, jetzt denk doch mal selber ein bisschen nach! Ist ja schließlich dein Zimmer! Wo stellt es denn die Mama immer hin?*
- *Hier. In die Ecke.*
- *Na, dann weißt du ja, wo es hingehört.*
- *Papa, das Pferd muss da stehen bleiben.*
- *Wieso denn?*
- *Weil das Schwester Maja gehört. Mit dem reitet sie doch nach Poopipääpi!*
- *Also bitte. Schaffe es jetzt in die Ecke, sonst stolpert noch jemand drüber!*
- *Nein.*
- *Wie: Nein?*
- *Das kann ich nicht machen. Papa, bitte, sonst wird Schwester Maja doch so traurig.*
- *… Dann räume wenigstens den ganzen Schnick-schnack auf dem Boden in die Regale und die Ritter-burg weg, und den Bauernhof auch.*

- *Aber Papa …*
- *… Was?*
- *Das ist doch Poopipääpi!*
- *Und? Darf das also auch nicht aufgeräumt werden?*
- *Nein, das geht nicht. Sonst.*
- *… wird Schwester Maja fuchsteufelswild. Und böse.*
- *Ja, Papa, das wird sie.*
- *Und was soll dann werden? Einfach alles so lassen, oder wie?*
- *Ja, Papa, das wäre das Beste.*
- *Du, schau mich mal an.*
-- *Was denn, Papa?*
- *Jetzt sei mal ganz ehrlich: Wie eine perfekte Stadt sieht das nicht aus! Da kann man schon noch das eine oder andere verbessern, oder?*
- *Hm. Mir gefällt's aber so.*
- *Ja, aber schau mal, da liegen überall Gegenstände auf den Straßen, sogar Müll. Das sieht nicht schön aus. Und stolpern kann man auch, oder ausrutschen. Außerdem sind die Straßen doch sehr verwinkelt, da verläuft man sich leicht, und schau mal hier, da liegen Autos auf dem Dach, zwei Kinderbetten neben den Häusern, die Schweine stehen im Gefängnis, Glasperlen auf der Weide. Stell dir vor, die Julia fragt dich, was das alles soll. Am Ende macht sie sich noch über Schwester Majas Stadt lustig. Das willst du doch nicht, oder?*
- *Hm … nein.*
- *Also, dann mach mal. Damit würdest du uns allen einen Riesengefallen tun. Vor allem dir und Schwester Maja!*

- *Also gut. Ein bisschen aufräumen kann ich.*
- *Schön. Du wirst sehen, wie gut sich das danach an-*
  fühlt.

Vielleicht ist das ja wirklich ein Gesetz, dem alle folgen könnten, in jeder guten Stadt: »Strebe danach, dich so zu verhalten, dass du dich vor deinem besten Ich nicht schämen musst!« – und sogar eines, nach dem ich dich mit gutem Gewissen erziehen wollte.

Und mich.

Warum ist Noah krank?

*Und weshalb diese Frage
kein Übel sein muss*

Ein bisschen blass um die Nasenspitze sah er aus. Quengelig war er, aggressiver als sonst, bis er auf dem Schoß der Mutter einschlief. Möglicherweise ein Infekt, oder einfach nur eine schlechte Nacht. Ganz normal in dem Alter. Jedenfalls nichts, was uns ernsthaft besorgt hätte, an diesem Nachmittag im Garten. Keine Woche ist es her. Es war ein so schöner Sonntag.

– *Du, Noah kommt heute nicht zum Spielen. Sein Papa hat gerade angerufen.*
– *Och. Warum denn nicht?*
– *Der Noah ist krank.*
– *Schade.*
– *Ja. Er musste heute ins Krankenhaus.*
– *Papa, ich war auch schon mal im Krankenhaus! Mit Gehirnerschütterung!*
– *Ich weiß. Ich war dabei.*
– *Das war schön. Da hat die Mama in meinem Zimmer geschlafen.*
– *Genau, um zu sehen, ob du dich weiter übergeben musst.*
– *Hab aber nicht gekotzt.*

- *Nein, Gott sei Dank, sonst hätten wir dich am nächsten Morgen auch nicht wieder mit nach Hause nehmen dürfen.*
- *Ich möchte so gern wieder ins Krankenhaus. Können wir den Noah besuchen?*
- *Vorerst nicht. Er darf nicht mit anderen Kindern zusammen sein, sonst könnte er sich anstecken.*
- *Mit Bekterien?*
- *Ja, mit Bakterien, zum Beispiel.*

Umbringen könnte es ihn. Jedes Virus, jeder Erreger, jeder Keim. Alles, was »von draußen kommt«, hat sein Vater gesagt – und dass nun alle Unschuld verloren sei. Die Tests sind eindeutig. Morgen fängt die Chemotherapie an, danach starke Steroide, wieder Chemo, hin und her wird es so gehen, für mindestens zwei Jahre. Ich brauchte gar keine Fragen zu stellen, er hat die Fakten am Telefon nur so runtergerattert, das Heil in den Tatsachen gesucht. Es sei eine vergleichsweise harmlose Variante mit konkreten Heilungschancen, bis zu 90 Prozent, nach neuesten Therapien. Langzeitprognosen gebe es allerdings nicht, bis vor dreißig Jahren sei nämlich noch jedes Kind daran gestorben.

Eines von 2000 Kindern. Irgendeines. Es hätte genauso gut dich erwischen können.

- *Was hat der Noah denn?*
- *Seine Abwehrkräfte sind geschwächt.*
- *Welche Kräfte?*
- *Die Abwehrkräfte. Weißt du, die Bakterien, die musst du dir so wie klitzekleine Bösewichte vorstellen, die*

unserem Körper schaden wollen. Und um sich gegen
deren Angriffe zu wehren, schwimmen in unserem
Blut viele kleine Körperpolizisten, die die Bösewichte
festnehmen, damit sie uns nicht krank machen …

Der Körper als Staat, den es vor fremden Eindring-
lingen zu schützen gilt. Das Bild leuchtet jedem Kind
sofort ein. Auch, dass die Polizeizentrale im Rückenmark liegt und dass bei Noah die Polizisten selbst
krank geworden sind, weswegen er den Angriffen der
Eindringlinge nun schutzlos ausgeliefert ist.

– *Warum sind die Polizisten denn krank geworden?*
– *Das … weiß man nicht so genau.*
– *Vielleicht hat der Noah ja was Blödes gegessen – und*
  deshalb sind die Polizisten krank geworden.
– *Nein, das ist bestimmt nicht der Grund.*

Etwas Falsches gegessen: Das ist deine Patenterklä-
rung für alles Elend dieser Welt. Warum der Opa am
Bauch operiert werden musste? Wahrscheinlich hat
er zu viel gegessen. Ganz einfach. Das leuchtet unmit-
telbar ein. Und ich wünschte von Herzen, es wäre so.
Eine Welt, in der sich jedes Übel direkt auf eine miss-
liche Handlung zurückverfolgen ließe, wäre ja das
reinste Erziehungsparadies: Gar nichts müsste man als
Erwachsener mehr sagen. Die Natur würde vernünftiges Verhalten einfach mit Schmerzlosigkeit belohnen,
die vernünftigen Kinder sich danach richten und die
unvernünftigen aussterben. So eine Welt wäre grund-
gut, denn in ihr wäre ja jedes Übel im Prinzip ver-

meidbar. Nicht zuletzt erhielte jede Krankheit, fragt man nur lange genug nach dem Warum, ihren guten pädagogischen Sinn. So wie deine Gehirnerschütterung, als du im Garten auf den Baum geklettert warst und dich partout nicht mit beiden Händen festhalten wolltest: selber schuld. Das wird dir eine Lehre sein. Ich weiß noch genau, das war es, was ich damals auf dem Weg zum Krankenhaus gedacht habe. Und dass es dich schon nicht umbringen wird.

– *Aber warum ist der Noah dann krank?*
– *Manchmal, weißt du, gibt es keinen guten Grund.*
   Da werden Menschen einfach so krank. Das kann
   niemand verhindern, und es kann auch kein Mensch
   etwas dafür.
– *Vielleicht ist er auf den Rücken gefallen. Und deshalb*
   ist den Polizisten schwindlig geworden.

Niemand schuld? Das kann dir keiner erzählen: Irgendeine nachvollziehbare Erklärung muss es doch geben! »Keine Tatsache kann als wahr oder existierend gelten, ohne dass es einen zureichenden Grund dafür gibt, dass es so und nicht anders ist, obwohl uns diese Gründe meistens nicht bekannt sein mögen.« Nicht, dass du es so ausbuchstabieren könntest, aber das ist die Maxime, die deine Fünfjährigenneugier jeden Tag weiter nach vorne treibt: Leibniz' Satz vom zureichenden Grund. Die natürlichste, vernünftigste, menschlichste Annahme von allen.

– *Du kannst Noah ja ein Bild malen. Darüber würde er
sich bestimmt freuen.*
– *Fürs Krankenhaus?*
– *Genau, das kann er in seinem Zimmer aufhängen.
Dann weiß er, dass du ganz fest an ihn denkst, auch
wenn du ihn nicht besuchen darfst.*
– *Ja! Ich weiß auch schon, was ich male.*
– *Was denn?*
– *Verrate ich dir nicht.*

Und hast du etwa nicht recht? Ganz bestimmt, ganz
ohne Zweifel gab es ein Ereignis, das die Produktion
mutierter weißer Blutkörperchen in Noahs Rückenmark auslöste – eine erste kleine Abweichung, eine
winzige Störung im erzeugenden Muster. Vor Wochen oder Monaten, ganz im Stillen.

Aber *warum* ist *das* passiert? Die Frage bleibt ja
dann immer noch offen. Bis ans Ende aller Kausal-
ketten kannst du mich mit ihr jagen, ohne jemals zu
erfahren, was du eigentlich hören willst. Denn was
erklären die Ursachen schon? Sie sagen ja im güns-
tigsten Fall nichts anderes als: »So, mein liebes Kind,
läuft das in dieser Welt nun einmal ab. So ist sie. Das
sind die Gesetze, denen ihr Lauf folgt.« Und es fällt
nicht schwer, mir dich in diesem Moment als ein
philosophisches Bilderbuchkind vorzustellen, das
seinen Vater am Ende solch eines unendlichen Gesprächs fragt: »Aber warum, Papa, ist die Welt dann
so – und nicht anders? Weshalb diese Gesetze, und
nicht *andere?* Was ist das für eine Welt, in der Kinder einfach so krank werden und leiden müssen?

Ohne guten Grund. So eine Welt, mein lieber Vater, ist doch nicht in Ordnung. Die kann doch nicht gut sein.«

Doch du schweigst, anstatt so zu fragen. Beißt dir auf die Lippen: Einfach so krank geworden? Dann hat Noahs Geschichte also keine Moral? Keinen tieferen Sinn? Kennt sie keinen Schuldigen, keine auslösende Handlung, niemanden, auf den du zeigen, nichts, womit du etwas anfangen könntest?

Natürlich kann ich ihr für dich einen Sinn geben. Nichts leichter als das. Zum Beispiel, dass es früher, ganz im Anfang, keine Krankheiten auf der Erde gab, bis die ersten Menschen in ihrem Garten eine verbotene Frucht versuchten – und dass seitdem manche von uns krank werden, sozusagen als Spätfolge. Kann man jetzt nicht mehr rückgängig machen. Leider. Hätten sie sich damals besser überlegen sollen.

Ich meine, irgendeinen Grund *muss* es doch schließlich geben.

Ich könnte mir – und du würdest mir folgen! – im Namen des zureichenden Grundes sogar ein Wesen vorstellen, dem alle Gründe, die wir nicht kennen, bekannt sind, ganz einfach, weil es, sagen wir, diese Welt geschaffen hat, in allen Einzelheiten, genau so, wie sie ist: der ultimative Sinnstifter, der sichernde Endpunkt einer jeden pädagogischen Erzählung. So wie ich ein Vater zu dir bin, ist Er ein Vater zu uns allen. Verstehst du?

– *Aber warum hat er den Noah krank gemacht? Ist das etwa ein böser Mann?*

– *Nein, nein, nein, wo denkst du nur hin? Wenn wir nur wüssten, was Er weiß, würden wir uns keine andere Welt wünschen. Er hat die Welt so gut gemacht, wie er nur konnte, die beste aller möglichen. Aber es können nun mal nicht alle Kinder immer gesund sein.*

– *Aber warum denn …*

– *… und vor allem hat Er uns die Fähigkeit gegeben, selbst nachzudenken, das heißt, seine Schöpfung zu erforschen, damit wir begreifen, wie gut sie in Wahrheit ist, dass alles in ihr einen guten Sinn hat, wenn man nur alle Gründe kennt. Besser ging es nicht. Glaub mir.*

Klar glaubst du's mir. Jeder Sinn ist besser als keiner. Jede Furcht besser als die Angst vor der Grundlosigkeit. Es ist, denkt man erst einmal darüber nach, schon absolut faszinierend, was sich erwachsene Menschen alles haben einfallen lassen, um ihre Kinder vor dem Eindruck zu bewahren, sie könnten in eine Welt geboren worden sein, in der es grundloses Leiden gibt. Keine dieser Geschichten kommt mir jetzt über die Lippen. Es käme mir unverantwortlich vor.

– *Papa, das Bild ist schon fertig.*

– *Schön. Zeig mal. Was ist denn drauf?*

– *Schau doch selbst!*

– *Sieht aus wie ein Garten, mit zwei Kindern, die Fangen spielen.*

– *Ja. Das ist Noah. Und das bin ich.*

- *Aha, und wer sind die kleinen grünen Männchen auf dem Baum?*
- *Das sind die Polizisten.*
- *Was machen die denn da oben? Sollen die etwa Ausschau halten und euch bewachen?*
- *Nein, Quatsch. Die essen doch die Äpfel. Da!*
- *Die Äpfel. Warum denn das?*
- *Na, damit sie wieder gesund werden. Du sagst doch immer, dass Äpfel gesund sind.*
- *Ja. Das stimmt auch. Das stimmt unbedingt.*

Bleibst du bei mir?

*Über das Wesen der Lüge
bei Nacht*

– *… Ein fürchterlicher Sturm zog auf. Es regnete in
Strömen, gewitterte, blitzte und donnerte. Auf einmal
öffnete sich ein tiefer Spalt in der Erde, und aus dem
Spalt kamen dann die Kinder an die Oberfläche gekrochen. Das waren sie, endlich: die ersten Menschen.*
– *Die Kinder kamen aus der Erde gekrochen?*
– *Ja. Zuvor hatten sie jahrelang im Erdinnern gelebt,
ganz tief drinnen. Dort waren sie gezeugt, geformt
und sogar erzogen worden.*
– *Von wem denn?*
– *Habe ich dir doch schon alles erzählt. Von der Erde
selbst! Deswegen sprechen wir ja bis heute von unse-
rer »Mutter Erde«, die wir lieben, ehren und beschüt-
zen sollen. Und auch davon, dass alle Menschen in
Wahrheit Brüder und Schwestern sind. Weil wir im
Anfang alle aus demselben Spalt gekrochen kamen.
Damals, in der Zeit vor aller Zeit.*
– *Leben dort unten noch immer Kinder?*
– *Im Innern der Erde? Nein, das ist vorbei. Jetzt leben
wir alle hier oben – und die Kinder werden von ihren
Menscheneltern groß gezogen. So wie du von mir.
Nur mal als Beispiel.*

- *Und von der Mama.*
- *Genau. Und der Mama. So. Und jetzt wird geschla-*
  fen. Es ist schon spät. Also Licht aus. Und Augen zu.
  Träum was Schönes!
- *Du auch, Papa. Gute Nacht.*
- *Gute Nacht.*

Gute Nacht. Wenn es so einfach wäre.

Besonders geschickt war das nicht, dir ausgerechnet heute die Geschichte von den ersten Erdenkindern zu erzählen. Aber du wolltest sie nun einmal unbedingt hören. Jetzt hast du mich schon zum dritten Mal zu dir gerufen. Und zitterst, obwohl ich ganz nah bei dir liege. Aus Angst vor dem Gewitter, dort draußen, in der Nacht, und in Gedanken gewiss bei erdigen Monstern, die nur darauf warten, beim nächsten Blitz aus tiefem Schlund direkt in dein Bett gekrochen zu kommen.

- *Schlaf, Goldkind. Schlaf ruhig.*
- *Ja, Papa.*
- *Und keine Angst. Ich pass auf dich auf.*
- *Bleibst du bei mir?*
- *Ja, ich bleibe bei dir.*
- *Die ganze Nacht?*
- *Schlaf mal, Augen zu.*
- *Die ganze Nacht, Papa?*

Nein, nicht die ganze Nacht. Nur so lange, bis du einge-schlafen bist. Aber das werde ich dir jetzt nicht sagen, sondern genau das, was du von mir hören willst. Zärt-lich geflüstert, direkt ins Ohr: »Ja, die ganze Nacht.«

Damit die arme Seele ihre Ruh hat, du dich möglichst geborgen fühlst und leichter einschläfst. Schadet doch niemandem. Im Gegenteil. Es wird das Beste sein. Für dich. Und mich. Sonst quälen wir uns hier womöglich noch Stunden in den Schlaf. Im Namen der Wahrheit. Für nichts und wieder nichts. Fast ein bisschen unmenschlich schiene mir das.

Ist nun wirklich kein großes Ding. Ich weiß nicht einmal, weshalb ich überhaupt darüber nachdenke. Na ja. Weil es ums Prinzip geht. Weil man nicht lügen soll, keine Versprechen abgeben, die man nicht halten will. Schon gar nicht den eigenen Kindern gegenüber. Bei Sturm, Gewitter und Nacht. Wenn sie Angst haben. Grundlegender geht es ja wohl gar nicht.

Ich brauche mir ja nur vorzustellen, wie du in dreißig Minuten schweißgebadet aus einem Albtraum aufschreckst, nach meinem Körper tastest, ihn nicht findest und in diesem Moment begreifst, dass dein Vater ein Mensch ist, auf dessen Wort du dich nicht verlassen kannst. Dass ich dich angelogen habe. Hellwach stündest du dann vor mir, mit gewecktem Misstrauen.

– *Du. Ich war nur kurz auf dem Klo. Wollte gerade zu dir zurückkommen.*
– *Wirklich?*

Außerdem ist ja gar nicht gesagt, dass meine Lüge den gewünschten Effekt erzielt. Was, wenn du dich nun gerade deshalb, weil ich dir versichere, die ganze Nacht bei dir zu bleiben, besonders lange wach hältst – nur um sicherzugehen, ob das auch wirklich stimmt. Zuzutrauen wäre es dir.

Letztlich kann ja kein Mensch kontrollieren, was die eigenen Worte im anderen für Gedanken hervorrufen, und genauso wenig kontrollieren, was die eigenen Handlungen in der Welt für Verwicklungen in Gang setzen. Das ist einfach die Wahrheit. Und auch der Grund, noch ein Grund, weshalb ich dir besser wahrhaftig antworten sollte. Denn das kann ich immer. Das liegt zu jeder Zeit ganz bei mir: Wahrhaftig zu sein. Auch wenn es nun zur Folge hat, dass du dich noch eine ganze Weile hin und her wälzt, fürchtest und quälst. So weißt du wenigstens, woran du bist. Kannst dich fest auf mein Wort verlassen. Und mein Gewissen bleibt rein.

– Papa?
– Ja. Ich bin noch da.
– Bleibst du …
– Psssch. Schlafen.

Ist wirklich nicht schwer, ein einwandfreier Vater zu sein. Jetzt mal rein moralphilosophisch gesehen. Denn auf die Frage, ob es Situationen gibt, in denen es geboten ist, einen anderen Menschen anzulügen, kann es für einen wahrhaft vernünftigen, widerspruchsfrei denkenden Menschen nur eine einzige Antwort geben: Nein. Die gibt es nicht. Vielmehr ist, wie Kant das feststellt, »Wahrhaftigkeit in Aussagen eine formale Pflicht des Menschen gegen Jeden, … die in allen Verhältnissen gilt«. Und damit auch in unserem Verhältnis. Für jede bange Frage, die du mir vor dem Einschlafen stellst. Wirklich? Auch die von gestern? Und vorgestern?

Weißt du, Kind:

Die Wahrheit ist, dass es Schwester Maja nicht gibt.
Genauso wenig wie den Weihnachtsmann und den
  Osterhasen.
Die Wahrheit ist, dass der Opa nie wieder gesund wird,
  sondern im Sterben liegt.
Die Wahrheit ist, dass wir in einem halben Jahr
  umziehen werden und du vermutlich keine deiner
  Freundinnen je wiedersehen wirst.
Die Wahrheit ist, dass deine Mutter längst zu Hause
  hätte sein wollen, dass ich nicht weiß, weshalb sie
  noch immer nicht da ist, dass ich mich mittlerweile
  ernsthaft sorge, ob sie von einem Laster erfasst oder
  von einem Strolch erdrosselt wurde …

Die Wahrheit ist, dass ich dich so gut wie jeden Tag deines Lebens gezielt angelogen und dir frei erfundene Geschichten erzählt habe – und zwar gerade dann, wenn es um deine tiefsten Ängste und Hoffnungen ging. Dass ich mich seit Jahren redlich bemühe, dich möglichst verantwortungsbewusst in diese Welt zu schwindeln. Weil ich ja will, dass du zu jemandem heranwächst, der innerlich gefestigt genug ist, um später einmal:

die Wahrheit zu sagen, auch wenn es unbequem ist,
Prinzipien zu folgen, von denen du wollen kannst,
dass sie ein allgemeines Gesetz werden, den Mut zu
finden, dich deines eigenen Verstandes zu bedienen,
dir selbst zu vertrauen, wenn die Regeln keinen Halt
mehr bieten und die Fragen keine Antworten finden,
hoffnungsvoll in den Abgrund zu schauen, der das
Sein vom Sollen trennt.

Also genau das, was Kant sich für jedes vernunft-begabte Wesen wünschte, das »die Natur aus ihrem Mutterschoße entließ und in die weite Welt stieß«.

Vor allem wünschte ich mir, dass du, wenn die Zeit reif ist, auch noch den letzten Schritt auf deinem Weg hinauf ans Licht gingest: nämlich dich als erwachsener Mensch niemals ernsthaft in das Paradies der »harm-losen und sicheren Kinderpflege« zurückzuwünschen; also den Verlust der absoluten Geborgenheit, die Kin-der in den Armen ihrer Eltern empfinden, als dein größtes Geschenk erkennen zu lernen. Diese Gebor-genheit gibt es nämlich für uns nur gelogen.

Aber das hat noch Zeit. Und bis es so weit ist, will ich gern bei dir bleiben.

– *Papa?*
– *Ja, wenn es sein muss, auch die ganze Nacht.*

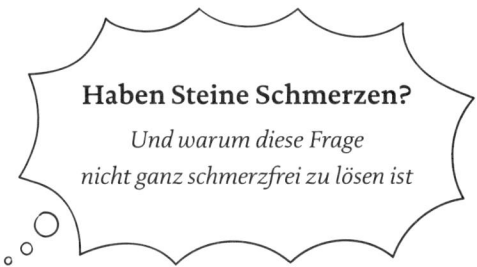

Haben Steine Schmerzen?

*Und warum diese Frage
nicht ganz schmerzfrei zu lösen ist*

Ich habe ziemlich lange darüber nachgedacht. Aber so recht vermag ich noch immer nicht zu sagen, ob das, was du treibst, nun ein Spiel ist oder nicht. Unzweifelhaft gibt es da bedeutende Ähnlichkeiten, vor allem mit Patience; es hat auch etwas von Murmeln, Darts und Curling. Und hin und wieder erinnert es mich gar an Kugelstoßen. Andererseits, Gewinner gibt es keine, genauso wenig wie feste Regeln oder Ziele.

Was soll's? Hängt ja nichts davon ab, ob es nun ein Spiel ist oder nicht. In jedem Fall ist es deine absolute Lieblingsbeschäftigung: Steine in den Teich werfen. Dazu hast du immer Lust. Da bist du ganz bei dir. Das wird dir nie zu viel.

Bereits bei der bloßen Erwähnung des Wortes »See« stürmst du jubelnd in den Flur, ziehst dir deine Schuhe selbst und richtig rum an, knöpfst dir fehlerfrei den Mantel zu, öffnest allein die Tür und läufst wohlgelaunt mit strammem Schritt voran, wo du sonst nur maulst und trödelst. Und stehen wir erst einmal am Kieselstrand, bedarfst du für volle Stunden keiner weiteren Ansprache oder Aufmunterung mehr – was an sich ein wahr gewordener Traum wäre, müsste ich nicht die ganze Zeit über direkt neben dir bleiben und darauf achten, dass du nicht ins Wasser fällst.

– *Was gefällt dir eigentlich so daran, Steine in den Teich zu werfen?*
– *Dass es platscht!*
– *Und das ist alles? Mehr nicht?*
– *Es sieht auch so schön aus!*
– *Die Kreise, meinst du?*
– *Die großen Steine machen größere Kreise!*
– *Und sie platschen auch lauter, nicht wahr?*
– *Ja, und wenn ich zweimal an die gleiche Stelle werfe, werden die Wellen noch höher!*

Da hast du schon mal was Wesentliches erkannt über unsere Welt. Und so, wie du es beschreibst, ließe sich für dich ja tatsächlich kaum eine bildendere Beschäftigung denken. Man muss sich nur einmal hinknien und das Schauspiel mit deinen Augen betrachten: Steine in den Teich werfen, das ist Musizieren und Malen, ist Experimentieren und Meditieren, bedeutet Kunst, Technik und Natur in einem kleinen Wurf. Sogar eine höhere Moral birgt dieses Spiel bei näherer Betrachtung, denn was ist unser Leben denn anderes als eine Lehrzeit für die Erkenntnis, dass um jeden Kreis ein weiterer gezogen werden kann – und sich also schon morgen jede Erkenntnis, die wir heute noch für gewiss und unabänderlich halten, als nichtig und falsch erweisen kann?

– *Willst du auch mal einen Stein werfen, Papa?*
– *Nein, ich sehe dir lieber zu. Du machst das so gut.*
– *Schau mal, ich habe einen Rubin gefunden!*
– *Einen Rubin? Zeig mal her! Bist du dir sicher?*
– *Ja, weil er so schön glitzert und rot ist. Rubine sind rot.*
– *Und sie sind sehr, sehr wertvoll …*
– *Und platschen tun sie auch!*

– *… Ach, da sinkt er dahin, der schöne Rubin. Nie wieder wird er die Sonne sehen, nie wieder rot in ihr glitzern. Was für ein Jammer!*
– *Tschü-üüss, gute Reise.*
– *Sag mal, hast du denn kein bisschen Mitleid mit den Steinen?*
– *Neiiiiiin. Wieso denn? Sie haben doch keine Augen.*
– *Aha. Und nur weil sie keine Augen haben, denkst du, können sie auch nichts fühlen?*
– *Sie haben ja auch keinen Kopf.*
– *Aber was, wenn sie sich tief im Innern dennoch fürchten könnten, dennoch Schmerzen empfänden?*
– *Nein. Können sie nicht.*
– *Das hast du dir aber fein zurechtgelegt: Keine Augen, keine Schmerzen – keine Schmerzen, kein Mitgefühl. Oder wie?*
– *Ach Papa, das sind doch nur Steine!*

Klingt ziemlich robust. Vom Ton her. Und vor allem auch vom Inhalt. Gerade so, als ob es ohne das passende Verhalten keine Schmerzen gäbe. Bei Steinen will ich ja gar nicht ernsthaft mit dir streiten. Aber was ist mit Pflanzen? Bäumen? Muscheln? Quallen? Oder Fliegen? Und alldem, was hier im See und um ihn herum noch so kreucht und fleucht. Diese Organismen könnten doch durchaus etwas empfinden, das dem, was wir »Schmerz« nennen, zumindest nahekommt, auch wenn sie uns kein schmerzverzerrtes Gesicht zeigen können. Letztlich kommt es bei der Frage, ob ein Wesen Schmerzen verspürt oder nicht, doch nicht auf das für uns erkennbare Verhalten an, sondern allein darauf, was in dessen Innerem vor sich geht und konkret empfunden wird.

– *Könntest du mich mal kurz zwicken?*
– *Warum denn?*
– *Nur so. Ich möchte etwas ausprobieren.*
– *Na gut.*
– *Warte! Ich mache nur noch schnell die Augen zu. Auf drei: Eins, zwei, drei … Hast du schon angefangen?*
– *Papa, ich kann auch doller pfetzen!*
– *Ja, so ist gut …*
– *Ich kann auch noch doller pfetzen!*
– *Nein, aua! Ist wirklich nicht nötig. Du kannst jetzt auch aufhören. Das war genau richtig.*
– *Komisch. Ist das ein Spiel oder so was?*
– *Eigentlich nicht. Ich wollte nur etwas überprüfen. Aber jetzt, wo du es so sagst, könnten wir ja ein Spiel daraus entwickeln. Wir könnten uns zum Beispiel bei den Armen halten, die Augen schließen und uns dann gegenseitig genau gleich stark zwicken. Dann würden wir genau gleichzeitig genau dasselbe spüren. Das wäre doch mal lustig. Findest du nicht?*

– Möchte ich aber nicht. Ich möchte lieber Steine werfen.
– Schon gut. Dann mach mal weiter.

Außerdem stimmt es ja gar nicht, dass wir beide bei
meinem Spiel *denselben* Schmerz gespürt hätten. Am
Ende kommt doch keiner raus aus dem eigenen Kopf.
Und deshalb weiß auch jeder nur aus ureigenster Er-
fahrung, wie Schmerzen sich anfühlen, und damit,
worauf das Wort »Schmerzen« sich bezieht, und
letztlich also, was das Wort »Schmerz« bedeutet. Das
scheint wohl klar genug zu sein. So gesehen ruhte alles
Mitgefühl dieser Welt auf nichts anderem als einem
Analogieschluss (Wie bei mir, so bei dir!) – und zwar
einem Analogieschluss, dessen Gehalt auf ewig unge-
sichert und unbestätigbar bleiben muss.

Das ist durchaus eine verstörende Aussicht, die
bereits René Descartes so tief beunruhigte, dass er in
seinem Werk *Meditationen* ernsthaft die Möglichkeit
erwog, alle anderen Menschen um ihn herum könnten
in Wahrheit nur seelen- und empfindungslose Auto-
maten sein (in sie hineinkriechen und ihr Empfin-
dungsleben überprüfen konnte er ja nicht), was ihn zu
guter Letzt auf die einzige Wahrheit führte, die er als
denkender Mensch niemals vernünftig würde bezwei-
feln können, nämlich die, dass zumindest er selbst –
wie auch immer es um das Leben, Denken und Fühlen
anderer Wesen in Wahrheit bestellt sein mochte – ein
zweifelndes und denkendes Wesen sei.

– Aber zumindest denken, ganz für sich im Stillen, das könnten Steine möglicherweise schon. Was glaubst du?

– Steine denken? Wieso denn denken?

– Na ja, ich meine es so: Du denkst doch auch manchmal im Stillen vor dich hin, oder?

– Ja, hier oben nämlich, in meinem Kopf! Immer so rumrumrum.

– Eben. Und so, wie du manchmal im Stillen so rumrumrum denkst, ohne mir davon zu erzählen, könnten Steine doch einfach immer im Stillen so rumrumrum denken.

– Nein, Papa.

– Wie bist du dir so sicher? Kannst du etwa in sie hineinschauen?

– Sie haben doch keinen Mund und keinen Denkkopf.

– Und ohne die geht es nicht?

– Nein, geht es nicht.

– Du kennst dich aber ganz schön aus.

– Schau, Papa, die Schlange hat auch einen Mund, einen Kopf und Augen, aber sie kann nicht sprechen. Und sie geht immer den gleichen Weg. Sie ist nicht besonders klug.

– Aha. Aber wie steht es dann zum Beispiel mit deiner Puppe, der Lilly. Die hat Augen, einen Mund und einen Kopf, sieht genauso aus wie wir, und wenn du sie in der Mitte drückst, spricht sie sogar. Die Lilly kann dann doch denken, oder?

– Nein. Die ist doch nicht echt!

– Wie, nicht echt: keine echte Puppe?

– Nein, kein echter Mensch!

- *Manchmal tröstest du sie aber und unterhältst dich mit ihr – gerade so wie mit einem Menschen.*
- *Aber doch nur im Spiel!*
- *Und außerdem sagt sie ja auch immer das Gleiche, wenn man sie drückt.*
- *Ja, das ist auch nicht besonders klug.*

Dann fasse ich mal zusammen: Nur von dem, was Augen hat und lebt, willst du sagen, es könne etwas empfinden – und verdiene also dein Mitleid. Und nur von dem, was einen Mund hat, einen Denkkopf, was sprechen kann und »nicht immer den gleichen Weg geht«, bist du bereit zu sagen, es denke. Und wenn ich dich richtig verstehe, siehst du sogar einen engen Zusammenhang zwischen der Fähigkeit, sprechen zu können, und der Eigenart, »nicht immer den gleichen Weg« zu gehen. Jedenfalls willst du von etwas, das immer nur das Gleiche sagt – ganz egal, was man nun mit ihm anstellt oder es fragt –, nicht sagen, es könne sprechen. Und also nicht, es könne so richtig denken.

Das ist nicht schlecht. Wenn du dich an diese Grundsätze hältst, sparst du dir, das kann ich dir versprechen, schon einmal eine Menge Probleme im Leben. Vor allem sogenannte philosophische.

> **Warum können Hunde
> nicht sprechen?**
>
> *Und weshalb man bei dieser Frage
> früher oder später ins Schwimmen gerät*

– *Also, ich gehe dann. Tschüss.*
– *Ja. Tschüüüüüss.*
– *Ich geh jetzt wirklich, dann kannst du sehen, wie du
  alleine nach Hause kommst.*
– *Ja, mache ich. Tschüüüüüss.*
– *Und glaube bloß nicht, dass ich wiederkomme, um
  dich abzuholen. Ich gehe jetzt nämlich. Wirklich!*
– *Ja. Mach's gut dann. Tschüüüüüss.*

Biest! Schütteln sollte ich dich! Am Kragen packen und
den ganzen Weg mit nach Hause schleifen. Verdient
hättest du es allemal. Spätestens jetzt. Schließlich
weißt du ganz genau, dass ich dich hier nicht allein am
Ufer stehen lassen kann – nimmst mich mit deinem
Trotz als Geisel, versklavst mich mit deiner Unmündigkeit.

Nein, ich werde jetzt nicht umkehren, mich auf
Augenhöhe begeben und ein weiteres Mal an deine
Vernunft appellieren. Die entscheidenden Argumente
sind längst ausgetauscht. Ich will nach Hause, weil es
bald dunkel und kalt wird und du außerdem bald Hunger bekommst. Du willst lieber noch länger Steine in

den Teich werfen, weil du lieber noch länger Steine in den Teich werfen willst. Was gibt es da zu diskutieren?

– *Sieh mal, wo ich jetzt hingehe. Ich gehe nach vorne zum Steg, wo die Hunde baaaaden. Tschüüüüss.*
– *Die Hunde? Wo baden die Hunde?*
– *Na hier vorne, am Steeeeg, vor allem der eine, den du so gerne maaaagst …*
– *Warte, nicht so schnell, warte doch! Bitte.*
– *Gern, aber beeil dich ein bisschen!*

– *Toll, wie der Kerl den Stock aus dem Wasser holt. Das ist noch ein ganz junger Hund, und denk mal, kann schon so flink schwimmen. Ganz ohne Schwimmärmel!*
– *Wer hat ihm das Schwimmen denn beigebracht?*
– *Niemand. Das musste ihm niemand beibringen. Das kann er einfach. Das liegt ihm im Blut, in seiner Natur.*
– *Ich kann noch nicht schwimmen.*
– *Stimmt, aber das macht nichts, du bist ja auch noch kein Schulkind.*
– *Ja, das macht nichts. Gehen Hunde denn auch zur Schule?*
– *Manche ja – vor allem die ungezogenen Hunde müssen dorthin, damit sie lernen, sich anständig zu benehmen, zu gehorchen und bei Fuß zu gehen, wenn man es ihnen befiehlt.*
– *Hm. Lernen sie dort auch Lesen und Schreiben?*
– *Das nun nicht. Das ist nichts für Hunde.*
– *Klar, sie haben ja auch keine Hände!*

- *Ja, aber das ist noch nicht einmal der Hauptgrund.*
- *Sie könnten die Stifte ja in die Schnauze nehmen, das wäre lustig …*
- *… könnten sie vermutlich, aber Schreiben würden sie doch nie lernen. Und auch nicht Lesen. Weil sie nämlich auch etwas anderes nie lernen werden – etwas, was du schon lange kannst.*
- *Ballett tanzen!*
- *Nein, noch viel wichtiger, viel grundlegender. Es fängt mit »sp« an. Spr… Spre…*
- *Weil sie nicht sprechen können!*
- *So ist es, weil sie nicht sprechen können. Menschen sind überhaupt die einzigen Tiere auf der Erde, die sprechen können, ist dir das schon einmal aufgefallen?*
- *Ja, die Oma sagt ja auch immer zu mir: Mensch, kannst du nicht mal den Mund halten!*
- *Und was antwortest du dann?*
- *Dass ich den Mund nicht halten kann, weil ich doch ein kleines Mädchen bin.*
- *Und was sagt sie dann?*
- *Nix mehr.*

Wohl wahr: Der Mensch ist das Wesen, das sprechen kann. Das wird keinem denkenden Wesen entgehen. Keinem Kind und keiner Oma. Weswegen die Philosophen dieses Vermögen auch von Anfang an zum eigentlichen Kern des Menschseins erklärt haben. So wie es Martin Heidegger in seiner Schrift *Was heißt Denken?* zusammenfasst: »Das bloße Tier, ein Hund z.B., stellt nie etwas vor, er kann nie etwas vor-*sich-*

stellen; dazu müsste er, müsste das Tier *sich* vernehmen. Es kann nicht ›ich‹ sagen, es kann überhaupt nicht sagen. Der Mensch dagegen ist nach der Lehre der Metaphysik das vorstellende Tier, dem das Sagenkönnen eignet.«

– *Papa, warum können Hunde denn nicht sprechen?*
– *Ach, weißt du, sie sprechen eben nicht. Das gehört einfach nicht zu ihrer Natur. Sie brauchen das auch gar nicht zu können, für ihr Hundeleben. Außerdem können sie ja bellen und heulen, wie die Wölfe. Nämlich so: Wauuuwauuuuoooo!*
– *Ja, das Bellen bedeutet das Sprechen! Wauwauwauouuuuuuuuuahuuuuuu!*
– *Fragt sich jetzt nur noch, was dieses »Wauwauwauouuuuuuuuuahuuuuuu!« wohl bedeutet. Was meinst du, was sie damit sagen wollen?*
– *Das weiß ich nicht.*
– *Ich auch nicht. Und wenn du mich fragst, die Hunde wissen es auch nicht immer so genau.*
– *Papa, weißt du was. Wenn die Hunde mit dem Schwanz wedeln, sind sie froh.*
– *Ja, das stimmt.*
– *Und wenn sie die Zunge herausstrecken und »hehehehehe« machen, sind sie durstig.*
– *Stimmt auch. Und was machst du, wenn du die Zunge so herausstreckst?*
– *Dann spiele ich Hund. Papa, du, Papa …*
– *Was?*
– *Ich mag Hunde so gerne. Könnten wir nicht auch einen Hund haben?*

– *Du, im Prinzip liebend gerne. Aber es geht leider nicht. Der Papa hat nämlich eine schwere Hundeallergie. Hab ich dir doch schon oft erklärt.*

– *Ach bitte, bitte, Papa! Ich möchte aber so gerne einen.*

– *Und auf dieses Bitte-bitte-Gewinsel reagiere ich noch allergischer, das habe ich dir auch schon oft erklärt.*

– *Nur einen. Einen kleinen. Bitte!*

– *Nein, es geht nicht. Wie stellst du dir das überhaupt vor, so ein Leben mit Hund?*

– *Schön.*

– *Aha. Schön. Und was würdest du dann machen, mit dem Hund, wenn du einen hättest?*

– *Stöcke werfen. Spielen. Und spazieren gehen. Schwester Maja hat auch einen Hund, in Poopipääpi nämlich.*

– *Und: Kann Schwester Majas Hund sprechen?*

– *Neeiiin, natürlich nicht. Aber er ist ihr bester Freund.*

– *So? Ich dachte, du seiest ihre beste Freundin.*

– *Weißt du, Schwester Maja hat zwei beste Freunde. Mich und den Hund!*

– *Das glaube ich nicht, völlig unmöglich.*

– *Wieso denn?*

– *Na überleg doch nur mal, was ein Hund alles nicht kann: Höhle spielen? Kann er nicht! Geschichten erzählen? Kann er nicht! Rätsel raten? Kann er nicht! Er kann sich keine Witze ausdenken, nicht planen, was er morgen machen will, dir nicht von seinen Träumen berichten, nichts versprechen, ja noch nicht einmal eine Frage stellen. Und wer all das nicht kann, der kann auch kein wahrer Freund sein. Das kannst du Schwester Maja gern von mir ausrichten.*

– *Ooch. Aber ich habe Hunde doch so lieb. Bitte! Bitte!*

Aussichtslos. Es gibt einfach Wünsche, die lassen sich nicht mit Argumenten therapieren. Und der Wunsch nach dem Hund gehört zweifellos dazu.

– *Sag mal, was glaubst du eigentlich, weshalb Menschen sprechen können?*
– *Vielleicht, weil sie auf zwei Beinen laufen.*
– *Ja, da könnte was dran sein. Aber die Kängurus zum Beispiel stehen auch auf zwei Beinen und können trotzdem nicht sprechen. Die zwei Beine allein können es also nicht ausmachen.*
– *Dann weiß ich es nicht.*
– *Aber versuch doch mal, ein wenig darüber nachzudenken. Warum sprichst du denn mit mir?*
– *Weil du mein Freund bist.*
– *Das ist eine schöne Antwort. Sehr schön sogar. Aber manchmal fragst du mich doch auch etwas, zum Beispiel, wer den Hunden wohl das Schwimmen beigebracht hat? Warum tust du das?*
– *Weil ich auch einen Hund will!*
– *Nur deshalb? Dann sage ich dir jetzt mal was unter Freunden. Wenn das so ist, brauchst du mich nichts mehr zu fragen, denn einen Hund wird es nicht geben.*
– *… und weil ich so eine neugierige Maus bin!*
– *Das klingt schon vernünftiger: weil du so eine neugierige Maus bist, deswegen sprichst du mit mir.*
– *Können wir jetzt bitte nach Hause gehen?*
– *Hungrig, oder wie?*
– *Ja, Riesenhunger.*
– *Na dann.*

– *Schau, Papa, jetzt kommt er zurückgeschwommen!*
– *Gleich schüttelt er sich, wirst sehen.*
– *Ja, dann spritzt er alles nass! Das ist so lustig.*
– *Ist schon was Schönes, so ein Hund.*
– *Etwas sehr Schönes!*
– *Weißt du, machen wir es doch so: Wenn du erst einmal ein Schulkind bist und gelernt hast, ganz ohne Schwimmärmel zu schwimmen, dann reden wir noch einmal darüber, ob wir uns nicht vielleicht doch einen Hund anschaffen.*
– *Au ja! Au ja! Aber, Papa, bist du dann denn nicht mehr allergisch?*
– *Doch. Nun, weißt du, das sehen wir dann. Immer schön der Reihe nach. Ein Problem nach dem anderen.*

Wofür soll ich mich entschuldigen?

Und weshalb diese Frage keine Ausreden duldet

– Du brauchst mich gar nicht so anklagend anzuschauen! Wenn es nach mir gegangen wäre, wären wir schon vor einer Stunde zu Hause angekommen. Dann stünde das Essen längst auf dem Tisch.
– Ich gucke doch gar nicht. Hab nur Hunger.
– Der Reis braucht nicht mehr lange, wirklich.
– Ich habe aber jetzt Hunger.
– Ich auch. Aber die zehn Minuten müssen wir eben noch gemeinsam durchhalten.
– Wie lang sind denn zehn Minuten?
– Nicht lang.
– … Bekomme ich einen Keks?
– Nein, was Süßes, so kurz vor dem Essen, kommt nicht in Frage.
– Ich möchte aber einen Keks.
– Und ich habe nein gesagt. Hast du doch gehört, oder?
– Ja, habe ich gehört.
– Und, hast du auch verstanden, was du gehört hast?
– Ja.
– Dann ist ja alles klar. Denn du weißt doch, wenn ein »Nein« kein nein mehr bedeutet …

- ... *dann bedeutet ein »Ja« auch kein ja mehr.*
- *Eben, und dann würden wir beide einander über-*
  haupt nicht mehr verstehen und vertrauen können.
  Klar?
- *Ja.*

Eigentlich ganz einfach. Ich kann dein Verlangen ja bestens nachempfinden. Mein Blutzuckerspiegel ist genauso im Keller, weswegen uns so eine kleine Scho-koladenkeksbrücke für die kommenden zehn Minuten gewiss einiges ersparen würde. Aber es geht nun mal nicht. Es wäre nicht richtig.

- *Bekomme ich dann wenigstens ein Salamibrot? Eins*
  nur?
- *Na, gegen ein kleines Salamibrot gibt es im Prinzip*
  nichts einzuwenden. Aber zuerst hörst du auf zu
  wippen! Sonst kippst du mit dem Stuhl am Ende
  noch um, und dann herrscht wieder Geschrei.
- *Gut. Ich hör schon auf. Das Salamibrot aber mit*
  Butter!
- *Mit Butter, verstanden.*
- *... und den Apfelsaft mit Wasser, aber kein Sprudel-*
  wasser!
- *Hörst du jetzt bitte sofort auf zu wippen!*
- *Oh, Entschuldigung.*

Entschuldigung, pah, du willst mich wohl für blöd verkaufen! Mir ist schon klar, was da gerade in deinem Kopf vorging: *Ich weiß genau, ich soll nicht kippeln; ich will aber nun mal kippeln, und der Alte ist beschäf-*

tigt, dreht mir den Rücken zu, sieht mich also nicht, also
kipple ich, und wenn er mich erwischt, sage ich einfach
»Entschuldigung«; das hat bisher noch immer geholfen.

– *Und außerdem will ich dir mal eines sagen: Ganz*
  bewusst etwas zu tun, von dem man weiß, dass man
  es nicht tun soll, und dann, nachdem man erwischt
  wurde, einfach »Entschuldigung« zu sagen, das ist
  es nicht, was es bedeutet, sich zu entschuldigen. So
  funktioniert das nicht!
– *Schon gut.*

Gar nicht gut. So funktioniert das wirklich nicht.
Nicht das Entschuldigen. Und ganz gewiss auch nicht
das Erklären der Bedeutung von »sich entschuldigen«.
Ich versage mal wieder auf ganzer Linie. Als Vater. Vor
mir selbst. Vor dir.

– *Du, tut mir leid, dass ich dich gerade so ange-*
  schnauzt habe. Weißt du, ich bin eben auch hung-
  rig, und wenn ich hungrig bin, bin ich leicht reizbar,
  dann wird alles irgendwie so eng in meinem Kopf.
  Kennst du das?
– *Ja, weiß ich doch schon.*
– *Bist ja lieb. Aber gekippelt wird trotzdem nicht! Ver-*
  standen?
– *Ja.*

Nicht, dass du immer gehorchen würdest, aber mir zu-
hören, das tust du schon – selbst dann, wenn ich nicht
mit dir, sondern mit jemand anderem spreche. Du

gehst eben ganz natürlich davon aus, dass ich meine Worte in Weisen verwende, die es, folgst du ihnen nur aufmerksam genug, auch dir ermöglichen werden, schon bald deinen eigenen Platz in unserer Gemeinschaft der Sprechenden einzunehmen.

Und zumindest an meinen besseren Tagen, mit ausreichend Zucker im Blut, versuche ich ja auch immer wieder ganz bewusst, dir die Bedeutung eines neuen Wortes beizubringen. Wie oft schon habe ich dich zum Beispiel auf dem Spielplatz ganz gezielt beiseite genommen und dir möglichst gewaltfrei eine Schaufel aus der Krallhand gelöst, um dir zu erklären, dass »diese Schaufel« »nicht uns gehört«, weshalb du sie dem »lieben Jungen«, dem du sie zuvor mit aller dir zur Verfügung stehenden Kraft entrissen hattest, wieder »freiwillig zurückgeben« »sollst«; dass du dich vor allem auch bei ihm »entschuldigen« sollst, weil er dich ganz zu Anfang ja bestimmt nicht »mit Absicht« getreten hatte und außerdem gerade erst gelernt hat, »mit Sand zu werfen«, und der Sand dir also nur aufgrund »unglücklicher Umstände« direkt in die Augen geweht worden war; daraufhin habe ich dich entschieden in seine Richtung geführt, auf dass ihr euch wieder »versöhnt«, »umarmt« oder wenigstens »die Hand gebt«, einander wieder »lieb habt«, in der Hoffnung, dass ihr fortan »friedlich miteinander weiterspielen« möget. Ja: »So ist es gut!«

Da hab ich es dir doch beigebracht, wie und weshalb man sich entschuldigt, oder? Möglicherweise. In Ansätzen. Unter vielem anderen auch das.

Doch erst jetzt, wo ich mir diese Entschuldigungs-

Beispiele ganz bewusst in Erinnerung rufe – Wittgenstein sagt, Philosophieren ist Erinnern zu einem Zweck! –, fällt mir auf, dass ich dir diese Sandkastensituation keineswegs so beschrieben und nahegebracht habe, wie ich sie für mich beschrieben, interpretiert und gelöst hätte. Vielmehr habe ich dir – wie alle anderen Eltern auf dem Spielplatz auch – versucht zu zeigen, was »Sich-Entschuldigen« in einem Land bedeuten würde, dessen Sprecher stillschweigend voraussetzen, was wir Erwachsenen schon lange nicht mehr glauben, nämlich, dass in Wahrheit kein Mensch absichtlich (ganz bewusst, in voller Kenntnis der Umstände, freiwillig) etwas Böses, Falsches, Widriges oder Verletzendes tut.

Kliiirrrr!

– *Oh!*
– *Verdammt noch mal! Habe ich dir nicht dreimal gesagt, dass du nicht kippeln sollst?*
– *Entschuldigung, das wollte ich n...*
– *Was? Wolltest du etwa nicht kippeln?*
– *Nein ...*
– *Aber wie kommt es dann, dass du gekippelt hast?*
– *(Schluchzt.) Weiß ich nicht, ist einfach so passiert.*
– *Du hast also nicht absichtlich gekippelt, ist es das, was du sagen willst?*
– *Nein.*
– *Sondern hast einfach so vor dich hin gekippelt?*
– *Ja, und dann, auf einmal, ist das Glas heruntergefallen.*

– *Liebes, du bist mit voller Wucht gegen den Tisch gerammt, deshalb ist das Glas auf den Boden gefallen.*
– *(Weint.) Aber das Glas stand so am Rand!*
– *Und sonst, meinst du, wäre es nicht heruntergefallen?*
– *Ich habe es nicht an den Rand gestellt!*
– *Sondern ich. Dann ist es also meine Schuld, dass das Glas kaputtgegangen ist?*
– *Ja. Wofür soll ich mich denn entschuldigen? Ich wollte es doch nicht. Ich bin doch nur so hungrig.*
– *Das glaube ich dir sogar. Jetzt beruhig dich mal wieder. Ich beruhig mich auch schon. Alles halb so wild. Ich mache jetzt erst einmal die Sauerei weg. Dann essen wir was – und danach, wirst sehen, sieht die Welt schon wieder ganz anders aus.*
– *Es war wirklich keine Absicht, weißt du.*
– *Jaja, weiß ich doch.*

Willst du mitspielen?

*Und warum diese Frage in der Regel
bejaht werden sollte*

Mal wieder ganz schön Betrieb, da drüben bei euch am Katzentisch. Wie es eben so zugeht, wenn du mit deiner imaginären Freundin Schwester Maja »Mensch ärgere dich nicht« spielst. Oder besser gesagt, wenn du – begleitet von sporadischem Würfeleinsatz und lautstarken Anfeuerungen – bunte Holzfiguren nach eigenem Gutdünken von Feld zu Feld schiebst.

– *Was treibt ihr denn da Schönes?*
– *Wir spielen »Mensch ärgere dich nicht«. Siehst du doch!*
– *Ja, ist deutlich zu erkennen. Und, wer gewinnt?*
– *Ich natürlich!*
– *Aha. Und was sagt deine große Schwester Maja dazu, dass du immer gewinnst?*
– *Ihr macht das Spaß. Willst du auch mitspielen?*
– *Im Prinzip gern. Allerdings würde ich am liebsten nur mit dir allein spielen. Weißt du, wenn Schwester Maja dabei ist, zu dritt, da wird es immer gleich so kompliziert.*
– *(Tuschelt.) Gut, Schwester Maja wollte sowieso gerade aufhören.*

– Hervorragend, dann lass uns doch gleich loslegen.
  Aber nur unter einer Bedingung: kein Geschrei, kein
  Geplärre – und keine Faxen! Wir spielen ganz fried-
  lich und entspannt, in Ordnung?
– Jaja, brauchst du doch nicht extra zu sagen!

Von wegen. Bisher haben wir noch keine einzige Partie zu Ende gebracht. Nach zehn Minuten, spätestens,
lässt deine Konzentration nach. Und da du an diesem
Punkt in der Regel bereits aussichtslos zurückliegst,
provozierst du ganz gezielt den Spielabbruch: mit
Würfel an die Wand werfen, Figuren umstoßen und
allem Pipapo.

Ich kann's dir nicht einmal verdenken. Mit Anstand
verlieren ist keine so leichte Sache. Genauso wenig,
wie mit Anstand gewinnen. Und von mir, fürchte ich,
wirst du weder das eine noch das andere lernen.

– Ich bin blau! Blau ist nämlich meine Lieblingsfarbe!
– Na gut, dann bin ich rot.
– Und wer ist Schiedsrichter?
– Beim »Mensch ärgere dich nicht« gibt es eigentlich
  keine Schiedsrichter.
– Aber, Papa, du kannst ja trotzdem Schiedsrichter sein.
– Klar, kann ich, kein Problem.
– Ich fange an!
– Normalerweise würfelt man das aus. Aber gut, du
  bist die Jüngere am Tisch, du fängst an!

Da geht's schon los, mit der kindgerechten Aufwei-
chung spielleitender Kriterien. Die ganz alltägliche

Sonderbehandlung eben, wohlwollend und verhee-
rend zugleich. Wenn ich da nicht höllisch aufpasse,
zieht dein narzisstisch verblendetes Ich für sich noch
den bleibenden Schluss, tatsächlich etwas ganz Beson-
deres zu sein, jemand, für den andere Regeln gelten,
der sich alles erlauben kann.

– *Wie viel ist das?*
– *Zähl mal selbst die Augen, dann weißt du es.*
– *Eins, zwei, drei, vier, fünf, sechs. Sechs!*
– *Sechs, das bedeutet, du darfst ausrücken.*
– *Juhu!*
– *Und ein weiteres Mal würfeln darfst du auch.*
– *Drei, das ist eine Drei. Eins, zwei, drei …*
– *Halt, nicht so schnell. Immer nur ein Feld pro Wurf-
zahl vorrücken! So: eins, zwei, drei! Da musst du hin!*
– *Mein ich doch: dahin!*

Klar, meintest du doch. Sagst du jedenfalls. Ist mir aber
eigentlich auch egal, was du gemeint hast oder nicht.
Es geht hier ja vorrangig um das gesamtpädagogische
Paket: Dich konzentrieren sollst du lernen, dich spie-
lend im Zählen üben; lernen, einen Würfel zu lesen,
was ein »Feld« ist und eine »Anfangsaufstellung«, die
Regeln des Spiels und was überhaupt eine »Regel« ist,
die feinmotorische Umsetzung dieses Wissens und
nicht zuletzt all die kleinen Rituale des Klagens und
Frotzelns, Spickelns und Täuschens, Fintierens und
Schummelns, Prahlens und Hänselns … Die ganze
schöne weite Welt des Brettspiels eben.

- *Ojeojeoje! Sieht schlecht aus für mich. Du hast schon drei Figuren draußen. Ich erst eine.*
- *Papa, ich bin so guu-uut!*
- *Ja, bist du. Aber eine kleine Drei von mir, und schon sähe die Sache wieder ganz anders aus. Also: Pfft, pfft, pfft, jetzt eine Drei schnell herbei! Na, wer sagt's denn! Eine Drei. Dann auf Wiedersehen und gute Reise, die Dame in Blau! Hübsch zurück zum Anfang!*
- *Ooh nein, das ist gemein!*
- *Das ist überhaupt nicht gemein. Schau doch, ich muss dich sogar schlagen. Mir bleibt ja gar keine andere Wahl.*
- *Hm. Jetzt eine Sechs, pfft, pfft, pfft, eine Sechs, hex-hex!*
- *… Fünf.*
- *Papa, darf ich noch mal versuchen?*
- *Nein, es geht immer abwechselnd. Zieh deine Fünf, dann bin wieder ich dran.*
- *Och Menno! Ich will aber noch mal!*
- *Tut mir leid. So sind die Regeln.*

Und versuch mir bloß nicht zu erzählen, du wüsstest nicht ganz genau, was die Regel besagt. Ich will mir nämlich gar nicht erst vorstellen, was für einen Tanz du hier aufführen würdest, sollte ich es wagen, die Idee eines Extrawurfs für mich auch nur ins Gespräch zu bringen!

Wie ich sie dich gelehrt habe, diese Regel? Zugegeben, eigens aus dem Regelwerk vorgelesen habe ich sie dir nicht. Vielmehr habe ich dir diese Regeln so beigebracht, wie ich dir alles nahegebracht habe, was du in deinem Leben von mir gelernt hast, nicht zuletzt das Sprechen unserer Sprache.

Im Prozess des Spielens selbst, durch *Beispiele* und durch *Übung*. Ich mache es dir einfach richtig vor, und du machst es mir nach, ich beeinflusse dich durch Äußerungen der Zustimmung, der Ablehnung, der Erwartung, der Aufmunterung, und du veränderst dein Verhalten entsprechend. Ich lasse dich – je nachdem – gewähren oder halte dich zurück … So läuft das zwischen uns beiden, immer hin und her, seit deiner Geburt. Nichts ist einfacher, nichts natürlicher als das.

Und doch, sobald ich anfange, genauer darüber nachzudenken, erscheint sie mir immer wieder wie das größte Wunder von allen: deine Fähigkeit, eine Regel zu erlernen – so ganz eigenständig, für dich, den entscheidenden Schritt vom Endlichen ins Unendliche zu gehen. Denn das bedeutet es ja, eine *Regel erlernt zu haben*: in der Lage zu sein, ein auf der Basis einer *endlichen Anzahl* von Beispielen erlerntes Verhalten fortan selbständig auf *unendlich viele andere, relevant ähnliche Fälle* anwenden zu können.

Wie du es jedes Mal wieder schaffst, die richtigen Schlüsse aus meinen Beispielen zu ziehen? Ich weiß es nicht. Ich weiß es wirklich nicht. Sicher weiß ich nur eines. Ich habe dir *diese* Fähigkeit nicht beigebracht.

– *Ich will aber noch einmal würfeln. Das ist sonst so fies!*
– *Jetzt lass doch mal solche Worte beiseite. »Fies«, das hat hier gar nichts verloren. Was willst du eigentlich?*

- *Ich will noch mal würfeln!*
- *Aber das geht nicht. Soll ich dir etwa die Regel aus der Spielanleitung Wort für Wort vorlesen? Versteh doch, so ist das nun mal, wenn man »Mensch ärgere dich nicht« spielt. Es wird immer abwechselnd gewürfelt. Ich kann da auch nichts dran ändern.*
- *Wo ist denn das Heft mit den Spielregeln?*

Also komm. Das ist fies. Keine Ahnung, wo das Heft ist. Verschollen, unauffindbar. Und das schon seit mehr als 35 Jahren. Schau dir den Karton doch nur mal an. Das ist ein Erbstück! Auf diesem Brett haben bereits meine Schwester und ich uns unzählige Schlachten geliefert. Für das Brett bekäme ich bei eBay ein Vermögen!

Außerdem kann ich mich nicht erinnern, dass meine Eltern mir jemals aus diesem Heft vorgelesen hätten. Noch, dass ich sie jemals danach gefragt hätte. Dabei haben wir verdammt oft zusammen »Mensch ärgere dich nicht« gespielt, und ein Zuckerschlecken war das nicht, das kann ich dir versichern. Da ging es jedes Mal voll zur Sache.

- *Also gut, also gut, wenn du dich wirklich ungerecht behandelt fühlst und partout beanspruchst, noch mal würfeln zu dürfen, dann rufe ich als offiziell ernannter Schiedsrichter zur Klärung der Situation einfach kurz beim Internationalen Mensch-Ärgere-Dich-Nicht-Verband in Zürich an und erkundige mich telefonisch nach der verbindlichen Regellage! Dann hat die arme Seele ihre Ruh'.*

– Papa, nicht so 'nen Quatsch machen!
– Doch, genau das mache ich jetzt. Ich rufe dort an.
  Siehst du, hier ist das Telefon, die Nummer weiß
  ich natürlich auswendig, das haben wir beide ganz
  schnell geklärt:

»Hallo, hallo, ist dort der IMÄV in Zürich, ja, Internationaler Mensch-Ärgere-Dich-Nicht-Weltverband? Sehr gut, entschuldigen Sie vielmals die Störung, aber ich habe da eine wichtige Frage: Meine Tochter hat nämlich eben eine Fünf gewürfelt. Was? Ja, eine Fünf, F-Ü-N-F, und sie hätte wohl lieber eine Sechs gehabt. Was meinen Sie, darf sie es da wohl noch ein weiteres Mal versuchen, also zweimal hintereinander, Sie verstehen? Ja … ja … Sie dulden da keine Ausnahmen, aha, Schutz des Spiels selbst, hmmm, Idee des Spiels, verstehe, hmhmm, Institution, hmmm, jaja, das heißt, die gleichen Regeln gelten für alle, immer, hmm, hmm, verstehe, könnte ja jeder kommen, hmm, jaja, verstehe, gut, hmm, ja, das gebe ich so weiter, recht herzlichen Dank dann auch … Und bis zum nächsten Mal, gell, und ein Gruezi in die Schweiz!«

– Also, du hast es ja selbst gehört: Nichts zu machen,
  die Regeln sind da absolut eindeutig. Ausnahmen
  sind nicht vorgesehen. Soll ich dir ausrichten.
– Papa, du bist sooooo blöd!
– Ich bin überhaupt nicht blöd, du hast doch damit angefangen. Ich wollte doch nur sicherstellen, dass …
– Ach, jetzt spiel doch endlich weiter!
– Gut, reden wir nicht mehr davon. Wer war dran? Ich
  glaube, du warst dran. Dann mach mal!

- … Vier!
- So ein Mist! Sieh mal, mit der Vier kannst du mich hier rausschmeißen …
- Papa, ich möchte aber lieber mit der anderen Figur gehen.
- Na gut, aber ich bin schon fast zu Hause. Wenn du meinen Roten jetzt nicht schlägst, erwischst du ihn garantiert nicht mehr. Dann bin ich mit der ersten Figur so gut wie drin – und führe!
- Ich möchte aber lieber mit der anderen gehen!
- Das entscheidest am Ende du ganz allein, ich wollte dich ja nur … Aber, wie gesagt, es ist deine Sache, deine Sache.
- Ja.

Auch gut. Gewinne ich halt wieder. Ich bin es ja nicht, der sich in spätestens drei Minuten flennend auf dem Boden wälzt. Außerdem hast du ja ganz recht – soweit ich weiß, steht nirgendwo geschrieben, dass du meine Figur jetzt schlagen *musst*. Eine Regel ist das nicht, jedenfalls keine von der Art, die festlegt, welche Züge erlaubt oder untersagt sind. *Klug* wäre es natürlich, strategisch sinnvoll, was sag ich: zwingend angezeigt! Das ist aber auch schon alles.

Und so wenig ist das nun wieder nicht. Ich meine, würden wir eine Partie »Mensch ärgere dich nicht«, bei der sich jeder Mitspieler vorbildlich an die Regeln hält, es jedoch nach Möglichkeit vermeidet, einen anderen zu schlagen, etwa noch eine Partie »Mensch ärgere dich nicht« nennen?

Gewiss nicht. Das wäre was anderes, ein *neues* Spiel.

Woraus ich nur schließen kann, dass es nicht allein die Regeln des Regelwerks sind, die das Spiel zu dem machen, was es ist, sondern eben auch die strategischen Prinzipien und taktischen Maximen, die sich daraus ergeben, das Spiel gewinnen zu wollen. Und im Gegensatz zu den Regeln, die festlegen, welche Züge erlaubt sind und welche nicht, handelt es sich bei diesen Regeln der zweiten Art offensichtlich nicht um Vorgaben, bei denen sich unabhängig von der jeweiligen Spielsituation angeben ließe, wann und wie genau ihnen zu folgen wäre.

Zur endgültigen Klärung der Frage, ob du dich an die Maxime »Im Zweifelsfall schlagen« hältst, müsste ich den Herrschaften am Sorgentelefon in Zürich schon die gesamte Spielsituation in allen Einzelheiten schildern, und da tut es für den Ernstfall auch nicht irgendein firmer Regelbuchhalter aus der unteren Abteilung, nein, da bräuchte ich, wenn's hart auf hart kommt, schon einen echten Experten an der Strippe, am besten einen ehemaligen Champ mit eigener Spielerfahrung und geschulter *Urteilskraft* – oder zumindest jemanden mit einem verdammt rechenstarken Computer im Büro.

Immer angenommen, man will das Spiel auch gewinnen. Unbedingt gewinnen. So wie du. Bebt ja schon wieder, deine Oberlippe. Das sichere Zeichen, und jetzt würfle ich auch noch eine Sechs. Und eine Fünf danach. Das war es. Jetzt kann uns nur noch ein Wunder retten.

- *Was guckst du, geht's dir nicht gut?*
- *Nein, Papa, alles okay.*
- *Aber irgendetwas ist doch.*
- *Nein, nein, lass mich, alles okay.*
- *Und warum würfelst du dann nicht?*
- *Du, Papa …*
- *Ja, was ist denn?*
- *Ich glaub, ich muss mal Kacko!*
- *Kacko: Ja toll! Kein Problem, dann geh, ich halte hier die Stellung. Oder halt, warte mal ganz kurz, den Fall hatte ich als Schiedsrichter noch nicht. Ich rufe nur noch schnell in Zürich an, ob das auch erlaubt ist: Ja, hallo, ich bin's noch einmal. Ich habe noch eine Frage. Es gibt hier ein Mädchen, das muss Kacko, ja, während des Spiels, ganz richtig.*
- *Driiinngend!*
- *Verzeihung, es muss dringend Kacko, also offenbar keine taktische Pause – geh schon mal! Bevor ein Unglück passiert! –, jaja, verstehe, obere Leitregel Nummero eins im Bereich Kinder bis zehn Jahre: »Kacko immer erlaubt!«, ja, »es sei denn, bei offiziellem Turnierspiel«, da gelten besondere Bestimmungen … Jaja, verstehe, so weit kommt es bei uns gewiss nicht. Danke vielmals! Kommt nicht wieder vor.*

- *Hast du gehört, Süße, Kacko ist immer erlaubt. Irgendwie auch logisch. Lass dir also ruhig Zeit!*
- *Guut! Verstanden!*

**Was wäre, wenn du Mama
nicht getroffen hättest?**

*Von unmöglichen Welten
und möglichen Lieben*

– *Warum bist du denn so still? Etwa noch sauer wegen
  vorhin?*
– *Nein. Ich denke nur nach.*
– *Worüber denn?*
– *Nur solche Sachen. Für mich.*
– *Was für Sachen? Erzähl doch mal, wenn du schon
  auf meinen Schoß geklettert kommst.*
– *Papa?*
– *Ja?*
– *Was wäre eigentlich, wenn du Mama nicht getroffen
  hättest?*
– *Wenn ich Mama nicht getroffen hätte? Wie meinst
  du das?*
– *Gäbe es mich dann überhaupt?*
– *Hm. Nein, dann gäbe es dich nicht. Das lässt sich mit
  ziemlicher Sicherheit sagen. Denn, weißt du, jedes
  Kind ist absolut einzigartig. Und die besondere Weise
  seiner Einzigartigkeit hängt davon ab, wer die Eltern
  des Kindes sind. Dich, so wie du bist, gibt es also
  wirklich nur, weil Mama und ich uns damals getroffen haben, in dieser Pizzeria ... Die Geschichte haben
  wir dir doch schon oft erzählt.*

- *Ja, habt ihr.*
- *Eben. Und für den Fall, dass diese Begegnung nie stattgefunden hätte, gäbe es dich einfach nicht.*
- *Habe ich mir auch schon gedacht.*
- *Da hast du aber gut nachgedacht.*

Und zum ersten Mal in dieser Form, soweit ich es zu sagen weiß. Musste ja eines Tages so kommen. Jetzt hörst du sie also auch, eine Stimme in deinem Kopf, die dich nach dem fragt, was hätte sein können. Sie wird bleiben, dir fortan jeden Tag aufs Neue einfachste und unheimlichste Fragen einflüstern und dir mit jeder neuen Frage eine neue mögliche Welt vor Augen führen – von der nicht eine einzige die deine werden sollte. In den Wahnsinn kann sie dich treiben, diese Stimme. Wie ein Dämon.

Nein, ich hätte diese Pizzeria damals nicht betreten müssen. Deine Mutter und ich haben diese Szene unzählige Male durchgespielt: Nichts an unserer Begegnung war notwendig oder auch nur im Entferntesten wahrscheinlich. Und was für uns und damit dich gilt, gilt für alles, was ist. Weißt du, die Welt, in der wir leben, besteht ausschließlich aus Dingen, die nicht hätten sein müssen. Nichts, was existiert, existiert notwendig. Zumindest können wir uns von allem, was um uns herum geschieht und geschehen ist, ohne Widerspruch vorstellen, dass es nicht geschieht oder geschehen wäre. Jeder Mensch kann es. Jedes Kind. Mit staunenden Augen.

– Wie kommst du eigentlich auf diese Frage?
– Nur so.
– Das glaube ich dir nicht. Fragen sind niemals zufällig. Für die gibt es immer einen Grund.
– Papa, kommt die Mama denn wieder?
– Aber ja. Heute Abend, gleich nach der Arbeit. Wie immer.
– Bist du sicher?
– Absolut. Weshalb sollte sie denn nicht wiederkommen?
– Ist sie also nicht mehr böse auf dich?
– Nein. Wieso denn?
– Weil ihr doch gestern gestritten habt.
– Weil wir gestritten haben? Ach so, jetzt verstehe ich: Du hast uns gestern Abend gehört, von deinem Zimmer aus.
– Ja.
– Und das hat dir nicht gefallen, gell?
– Nein, das war gar nicht schön.
– Es war kein schlimmer Streit. Ich hatte nur mal wieder vergessen, die Butter in den Kühlschrank zu stellen, und darüber hat die Mama sich ziemlich aufgeregt. Sie war müde, weißt du, und ich auch. Und dann gab ein Wort das andere. Das war alles.

Fast alles. Dass es so einfach nicht weitergehe, hat deine Mutter gebrüllt, und meine Gedankenlosigkeit als Indiz einer fortwährenden und gezielten Missachtung ihrer Person gedeutet, insbesondere ihres Strebens nach einem minimal geordneten Haushalt … Also doch was Ernstes, für den, der richtig zugehört hat.

Ich wünschte wirklich, ich hätte die Butter in den Kühlschrank gestellt. Denn für dich, verkrochen unter deiner Decke, war unser Streit offenbar traumatisch genug, um einen Riss in deiner Seele zu erzeugen, der dir erstmals die Augen für die Möglichkeit eines Untergangs deiner Welt öffnete und der dich, in einem zweiten Schritt, dazu brachte, dir eine Welt zu imaginieren, in der du und wir als Streitende gar nicht existiert hätten. War es nicht so?

Und wer weiß, vielleicht hast du aus meinen Entgegnungen gestern Abend tatsächlich den sehnlichen Wunsch nach einem Leben herausgehört, in dem ich deine Mutter niemals getroffen und dich niemals gezeugt hätte – eine Verfluchung meines Alltags.

Gesagt habe ich das so nicht. Und auch nicht gemeint. Obwohl ich nicht bestreiten will, dass ich ihn mir gestern zuflüstern hörte, jenen Dämon, von dem Nietzsche schreibt, er schleiche sich des Nachts heran und suche uns in unseren einsamsten Stunden auf, um uns vom Ende aller möglichen Welten zu künden. »Weißt du schon«, spricht der Dämon, »dieses Leben, wie du es jetzt lebst und gelebt hast, wirst du noch einmal und noch unzählige Male leben müssen; und es wird nichts Neues daran sein, sondern jeder Schmerz und jede Lust und jeder Gedanke und Seufzer und alles unsäglich Kleine und Große deines Lebens muss dir wiederkommen, und alles in derselben Reihe und Folge.« Worauf diese Stimme uns vor die schwerste aller Fragen stellt: »Willst du dieses Leben also noch einmal und unzählige Male?«

So viel jedenfalls wurde mir gestern Nacht klar: Ein

Leben, zu dem ich jeden Tag wieder Ja sagen wollte, wäre ein glückliches Leben. Und eine Ehe, zu der ich jeden Tag wieder aus freien Stücken Ja sagen wollte, eine glückliche Ehe – wenn auch vermutlich keine alltägliche.

– *Da brauchst du dir wirklich keine Sorgen zu machen. Die Mama kommt wieder. Ganz gewiss. Wir streiten uns ja auch gelegentlich, du und ich, und haben uns trotzdem weiter lieb. Oder?*
– *Ja, stimmt.*
– *Und so ist das mit mir und der Mama auch.*
– *Hab ja nur gefragt. Weil ich die Mama doch so lieb hab.*
– *Klar. Verstehe ich. Hab sie ja auch lieb, die Mama.*

Wie meine Welt heute ohne euch aussähe? Ich kann es mir kaum noch vorstellen. Meine Verbindung zu diesen möglichen Ichs gleicht der Verbindung zu alten Freunden, die ich schon sehr lange nicht mehr gesehen habe und von denen ich nicht sicher wäre, sie heute an meinen Tisch winken zu wollen. Könnte ich ihnen denn erklären, weshalb ich mir ein Leben ohne dich nicht mehr vorstellen will? Oder bliebe ich – wie alle anderen Väter, die ich kenne, auch – unfähig, befriedigend zu formulieren, weshalb der Gedanke an ein Leben ohne Kind keinen Sinn und keinen Wunsch mehr ergibt?

– *Wie hast du die Mama denn erkannt?*
– *In der Pizzeria, meinst du?*

- Ja.
- Gar nicht. Wie soll ich sie denn erkannt haben? Wenn ich sie doch damals das erste Mal gesehen habe.
- Ach so, stimmt ja.
- Andererseits hast du schon recht, denn sie kam mir vom ersten Moment an seltsam vertraut vor. Das passiert einem ganz selten im Leben, dieses Gefühl, dieser Gedanke: Mensch, die ist aber nett, die mag ich, die versteht mich – mir ist, als ob ich die schon ewig kennen würde.
- Ich mag den Noah! Der Noah ist mein Freund.
- Ja, stimmt, das kann ich bezeugen, den hast du auf Anhieb gemocht. Und so ähnlich war das bei mir und der Mama auch. Nur eben ein wenig stärker. Ich würde sogar sagen, wesentlich stärker. Kein Wunder, wir waren ja auch schon etwas älter.
- Habt ihr euch dann auch geküsst?
- Am ersten Abend? Nein. Wo denkst du hin! Später schon, klar. Auf den Mund!
- Ich habe den Noah auch schon geküsst!
- Aha. Das ist ja hochinteressant. Und, wie hat er reagiert?
- Der wollte das nicht. Der hat geschrien und ist weggerannt. Ganz blöd war das.
- Womöglich war er noch nicht so weit. Die Mama ist nicht weggerannt. Und blöd fand sie es, glaube ich, auch nicht. Im Gegenteil. Das war schön. Ein bisschen wie Zauberei, wenn man sich magisch voneinander angezogen fühlt, einfach nicht voneinander lassen kann …
- Warum denn?

- *Das fragst du mich? Hast du die Mama etwa nicht lieb?*
- *Doch, Papa, natürlich.*
- *Und du willst doch auch jeden Tag mit ihr schmusen, oder? Jeden Tag: Schmu-u-sen!*
- *Ja!*
- *Und warum?*
- *Weil es sich so schön anfühlt.*
- *Eben. Einen besseren Grund gibt es auch gar nicht. Und mir geht es ganz genauso. Ich mochte sie einfach, die Mama. Mag sie noch immer. Und ich glaube sogar, ich kann dir erklären, warum das so ist. Das hat nämlich etwas mit den Kugelmenschen zu tun.*
- *Mit wem?*
- *Habe ich dir noch nie erzählt, dass wir Menschen vor langer Zeit alle einmal die Form von Kugeln hatten und munter durch die Welt kullerten?*
- *Kugeln? Quatsch, Papa!*
- *Doch, das ist wahr. Kein Zweifel möglich. Das hat mir nämlich der Opa erzählt, und dem wurde die Geschichte wiederum von seinem Opa erzählt, und der wiederum bekam sie von seinem Opa erzählt, und so weiter, bis an den Anfang der Zeit. Eine uralte Geschichte ist das und damit absolut vertrauenswürdig.*
- *Aber wieso denn Kugeln?*
- *Na ja, damals war die Gestalt des Menschen noch andersartig, denn damals bestand jeder Mensch, genau genommen, aus zwei Menschen.*
- *Aus zwei Menschen?*
- *Ja, meistens aus einer Frau und einem Mann. Die*

beiden waren am Rücken so ganz glatt zusammen-
gewachsen. Der Kopf hatte deshalb auch zwei Ge-
sichter, die in einander entgegengesetzte Richtungen
schauten.

– Hihi, komisch!

– Und vier Ohren hatte ein jeder Kugelmensch, für
jede Hälfte zwei, und der Körper besaß natürlich
vier Arme und vier Beine, und alles weitere auch
doppelt, kannst du dir ja jetzt vorstellen, und weil
sie nun vier Arme und vier Beine hatten, gingen oder
rannten diese Menschen nicht aufrecht wie wir heute,
sondern sie kugelten sich auf vier Armen und Beinen
durch die Gegend, so ähnlich wie beim Turnen, wenn
man ein Rad schlägt.

– Schwester Maja kann auch schon ein Rad schlagen!

– Klar kann sie das. Und wie sieht es bei dir aus?

– Ich auch. Fast. Guck mal!

– … Nicht schlecht. So in etwa wird das damals ausgesehen haben. Aber natürlich hatten die Kugelmenschen größere Übung. Blitzschnell bewegten sie
sich fort, viel schneller, als wir heute rennen können.
Und sie waren auch enorm stark, kein Wunder, mit
den vier Armen, die sie hatten, und sie waren stets
prächtig gelaunt, denn sie fühlten sich nie allein,
kurz, es ging ihnen einfach hervorragend, sie waren
die glücklichsten Wesen auf Erden. Und daran, nun,
genau daran, erzählt man, störten sich die Götter im
Himmel.

– Welche Götter denn?

– Die einzelnen Namen weiß ich jetzt auch nicht mehr
so genau. Auf jeden Fall gab es damals noch viele

Götter und nicht nur einen einzigen. Kannst du sogar die Tante Gisela fragen. Vor allem der damals höchste Gott war sauer auf die Kugelmenschen, richtig sauer war der.

– Weshalb denn? Sie haben ihm doch nix getan.

– Eben. Das war ja gerade das Problem. Die Kugelmenschen waren so froh und sich selbst genug, dass sie sich nicht mehr um ihre Götter kümmerten, sie nicht ausreichend verehrten. Nicht einmal tiefere Gedanken haben sie sich gemacht, auch nicht gearbeitet, nur noch Faxen hatten sie im Sinn, wollten die ganze Zeit nichts als herumkugeln. Und deswegen hat der höchste Gott eines Tages beschlossen: Schluss damit! So geht das nicht weiter!

– Oh!

– Kannst du laut sagen. Denn beschlossen hatte er Folgendes: »Ich werde die Kugelmenschen einfach in der Mitte entzweischneiden, und sie sollen fortan aufrecht auf zwei Beinen gehen. Dann werden wir ja sehen, wie sie zurechtkommen.« Und das hat er dann auch getan. Hat sich die Kugelmenschen geschnappt und sie voneinander getrennt, einen nach dem anderen, sodass am Ende jede Hälfte allein auf der Welt da stand, meistens als eine einzelne Frau und ein einzelner Mann, auf zwei Beinen – so wie heute.

– Haben die denn nicht geblutet?

– Nein. Weißt du, der höchste Gott wollte ihnen ja damals nicht weh tun. Deshalb hat er sie ganz vorsichtig voneinander getrennt, wie bei einer Mandarine musst du dir das vorstellen, die lässt sich ja auch *ganz zart in zwei Teile lösen. Nun, und die Folgen kannst du dir selbst denken.*

– *Wieso, was ist denn dann passiert?*

– *Ganz einfach. Seit jenem Tag läuft ein jeder Mensch genau genommen nur als Hälfte durch die Welt, immer getrieben von der Sehnsucht nach seinem verlorenen Partner von damals. Und wenn sich heute also zwei Menschen über den Weg laufen, die damals ein Kugelmensch gewesen waren, dann erkennen sie einander meistens recht schnell, erinnern sich an die schönen Zeiten von einst und gewinnen sich wieder lieb, wollen zusammenbleiben, nie wieder auseinandergehen – und gelegentlich auch mal gemeinsam durch die Gegend kugeln.*

– *Ja. Ich mag auch den Patrick!*

– *Patrick? Den kenne ich noch gar nicht.*

– *Der ist neu bei uns in der Turngruppe.*

– *Musst du mir unbedingt mal vorstellen. Aber ich habe dir das ja nur erzählt, damit du verstehst, weshalb ich bei der Mama gleich vom ersten Moment so ein gutes Gefühl hatte, verstehst du?*

– *Ja. Papa, war ich denn dann auch mal eine Kugel?*

– *Aber selbstverständlich – in Mamas Bauch! Hast doch die Fotos selbst gesehen. Kugelrund warst du. Runder geht es gar nicht. Denn die Kugelmenschen zeugen die Kugelmenschen, so ist das hier auf Erden.*

– *Aber was … was …*

– *Was aus deiner anderen Hälfte geworden ist?*

– *Ja.*

– *Ja, Gott, woher soll ich das wissen? Die musst du eben finden. Möglicherweise ist es ja der Patrick.*

Oder der Noah. Das merkst du dann schon, wenn du den Richtigen gefunden hast. Sieh dich erst einmal ein bisschen um in der Welt. Es gibt so viele Menschen. Da solltest du nichts überstürzen.

– *Aber ich habe ein bisschen Angst, Papa, weil der Gott kann Mama und dich ja auch wieder trennen, oder? So wie damals?*

– *Macht er aber nicht. Auf keinen Fall. Es sei denn natürlich, wir würden es allzu toll treiben und so wie damals nichts als Faxen machen. Aber das tun wir ja nicht. Wir sind doch mittlerweile ganz vernünftig, die Mama und ich. Oder wie siehst du das?*

– *Ja. Nur Samstagmorgen ist so blöd, wenn ihr nicht aufstehen wollt.*

– *Das hat schon alles seine Ordnung, glaub mir. Großes Kugelmenschenehrenwort.*

Sind wir jetzt wieder Freunde?

Und weshalb uns diese Frage
glücklich macht

Lass uns nicht schon wieder zanken. Ich bilde mir ja gar nicht ein, dich von allem Schwachsinn dieser Welt fernhalten zu können. Aber du solltest schon begreifen, dass es vernünftigere Geburtstagswünsche gibt als das pinkfarbene Party-Kreuzfahrtschiff einer Plastik-Blondine. Was rege ich mich überhaupt auf? Du weißt noch gar nicht recht, was du da sagst. Zwei- bis dreimal täglich erklärst du derzeit unser Verhältnis für beendet: »Du bist nicht mehr mein Freund.« Sprich: »Es ärgert mich, dass nicht jeder meiner Wünsche sofort erfüllt wird.«

Selbstverständlich werden sie das nicht. Genau darin besteht meine Pflicht. Erst recht, wenn es sich um Wünsche handelt, die in Wahrheit nicht deine eigenen sind. Ich war ja letzte Woche selbst dabei, als deine Freundin Anita vor versammeltem Kindergeburtstag das riesige Geschenk ihrer Patentante auspackte, habe Anitas Freudentanz gesehen, das neidische Glühen in deinen Augen und auch das Entsetzen im Gesicht ihrer Mutter.

Wie eine Krankheit hat sich der Wunsch nach dem Party-Schiff seither in deiner Clique ausgebreitet.

Und du vorn dabei, gar als willensstarkes Leittier eurer kleinen Konsumherde. Nein, da kannst du noch so keifen und zetern: Deine Mutter und ich werden es nicht zulassen, dass du dich die nächsten Jahre an einem bulimischen Luder als Rollenmodell ergötzt. Da bekommst du schon eher einen Hund geschenkt. Der frisst wenigstens anständig.

– *Hörst du jetzt bitte auf, mir gegen das Schienbein zu treten. Das tut mir weh. Außerdem tritt man den eigenen Vater nicht.*
– *Blöd! Blöd! Du bist überhaupt nicht mehr mein Freund!*
– *Das sagtest du bereits. Was bedeutet das eigentlich konkret? Lädst du mich jetzt nicht mehr zu deinem Geburtstag ein?*
– *Nein, du sollst nicht kommen.*
– *Die Mama musst du dann aber auch ausladen. Die steht in dieser Angelegenheit nämlich voll hinter mir.*
– *Dann ist die Mama auch blöd.*
– *Also willst du deinen Geburtstag ohne Mama und Papa feiern?*
– *Ja, will ich.*
– *Ein wenig undankbar finde ich das schon, wo wir doch gerade erst festgestellt haben, dass du ohne uns überhaupt nicht auf der Welt wärst.*
– *Aber wenn ihr so blöd seid, lade ich euch nicht ein.*
– *Wo sollen wir denn während der Feier hin? Immerhin wohnen wir doch hier.*
– *Dann geht weg!*
– *Außerdem: Wer trägt dann die Torte von der Küche*

ins Wohnzimmer? Und wer zündet zuvor die Kerzen
an? Übernimmt das etwa deine große Schwester
Maja?
– *Neeeeeiin.*
– *Ich frag ja nur. Schließlich wollen Mama und Papa,*
dass du einen schönen Geburtstag feierst.
– *Dann feiere ich eben bei Anita!*

Die wird sich freuen. Vor allem Anitas Mutter.

Die Freundschaft willst du mir kündigen? So weit, mein Kind, sind wir noch lange nicht. Denn wahre Freundschaft ist nur unter Gleichen möglich. Das kannst du schon bei Aristoteles nachlesen, und zwar in einem Buch, in dem der Philosoph seinem Sohn Nikomachos darlegt, was es bedeutet, ein glückliches und erfülltes Leben zu führen.

Keinen einzigen Tag würden wir beide es miteinander aushalten, behandelte ich dich tatsächlich wie einen Freund – vermutlich würden wir diesen Tag nicht einmal überleben. Unsere Beziehung beruht ja auf nichts als Ungleichheit, oder, um es mit Aristoteles zu sagen: »Die Verbindung des Vaters zu seinen Kindern gleicht der Form der Monarchie, da der Vater für die Kinder Sorge trägt, weshalb Homer Zeus auch ›Vater‹ nennt.«

Zeus. Eben. Was im Zweifelsfall übrigens auch bedeutet, dass ich nicht zögern werde, ein Machtwort zu sprechen und dich von falschen Freunden zu trennen oder fernzuhalten.

- *Wen willst du denn dann einladen? Etwa den Patrick aus der Turnstunde?*
- *Ja, mit dem turne ich so gern. Der ist mein Freund.*
- *Also gut, Patrick, dein Turnfreund, kommt schon mal. Wer noch?*
- *Die Anita, weil die so schöne Spielsachen hat.*
- *Magst du die Anita auch, oder nur ihre Spielsachen?*
- *Ich spiele so gern bei ihr.*
- *Verstehe. Und was ist mit dem Paul, der hatte dich schließlich zu seinem Geburtstag eingeladen.*
- *Nein, der hat mich letzte Woche an den Haaren gezogen. Der darf nicht kommen.*
- *Dein Geburtstag ist erst in zwei Monaten. Bis dahin könnte sich euer Verhältnis wieder verbessert haben.*
- *Der Paul ist nicht mehr mein Freund. Aber Pia, Eva und Charlotte lade ich ein, das sind nämlich meine allerbesten Freundinnen.*
- *Klar, ohne die geht es nicht. Und den Noah, wenn er wieder gesund ist.*
- *Stimmt. Den Noah! Den habe ich ganz vergessen!*
- *Da siehst du mal, wie gut es ist, mich an deiner Seite zu haben.*

Es ist nach Aristoteles nämlich so: Freunde sind vor allem dem eigenen Denken förderlich, weshalb sie, recht verstanden, auch das höchste Gut im Leben eines Menschen sind. »Denn niemand möchte ohne Freunde leben, besäße er sonst auch sämtliche Güter.« Und wo er einmal dabei ist, stellt Aristoteles seinem Sohn noch einen weiteren Zustand vor, für den sich kein vernünftiger Mensch je freiwillig entscheiden würde: »Auch möchte niemand leben, wenn er nur den Verstand eines Kindes haben und alles, was den Kindern Freude macht, im höchsten Maße genießen sollte.«

Daraus folgt einiges. Für Nikomachos. Und womöglich auch für dich. Denn die aristotelische Erziehung zu einem glücklichen Leben wird demnach dem schlichten Ideal folgen, Kinder zu Menschen zu erziehen, die Freundschaften pflegen können. Und zwar Freundschaften, die weder auf schnellem Lustgewinn noch wechselseitiger Nützlichkeit basieren, sondern auf Wohlwollen und Freude an der Tugend des anderen. Was später einmal aus dir werden soll, lässt sich mit Aristoteles deshalb in denkbar einfacher Weise angeben: die Freundin von guten Menschen. Der Rest deines Glücks, so denkt es der Philosoph, wird sich dann schon finden.

– *Die kommen bestimmt alle gerne zu deinem Fest.*
– *Und bringen Geschenke!*
– *Ja, Geschenke. Aber vor allem feiern sie ja mit dir, freuen sich, dass es dich gibt! Denn auf der Welt zu sein ist doch schon mal was Schönes, oder?*
– *Ja, ich bin gern auf der Welt!*
– *Das höre ich gern.*
– *Und, Papa, wenn die Torte kommt, dann singen alle: »Viel Glück und viel Segen, auf all deinen Wegen, Gesundheit und Freude, sei a-auch mit dabei!«*
– *Genau. Denn das wünschen wahre Freunde einander: Glück, Gesundheit, Freude und dass alle deine Wünsche in Erfüllung gehen! Und wenn das tatsächlich geschieht, freuen sie sich für dich, gerade so, als*

seien ihre eigenen Wünsche in Erfüllung gegangen.
Genau daran erkennt man die wahren Freunde.
– *Vielleicht schenkt mir ja die Anita das Barbie-Schiff*
– *Mal abwarten.*
– *Oder die Oma!*
– *Die Oma! Mein Gott, die Oma musst du natürlich*
  auch einladen!
– *Ja, die Oma ist auch meine Freundin.*
– *Aber wenn du die Oma einlädst, dann solltest du die*
  Mama mit einladen, die freut sich ja genauso, dass
  du auf der Welt bist und will auch nur das Beste für
  dich. Genau wie ich übrigens.
– *Hm. Muss ich mir erst noch überlegen.*

Tu das. Unsere Freundschaft steckt ja noch ganz in den
Anfängen. Denn selbst Vater Aristoteles will trotz aller
Ungleichheiten nicht bestreiten, dass wir beide bereits
durch Freundschaft verbunden sind, wenn er schreibt:
»Falls die Kinder den Eltern erweisen was den Er-
zeugern gebührt, und die Eltern ihren Kindern was
denen, die sie erzeugt haben, zukommt, so wird die
Freundschaft unter solchen beständig und von rechter
Art sein.«
  So gesehen läge das Geheimnis deiner gelungenen
Erziehung schlicht und einfach in der Überführung
unserer Freundschaft in eine Freundschaft unter Glei-
chen. Und dieser Übergang gelingt – will man Aristoteles glauben – durch nichts anderes als die kontinuier-
liche Pflege unserer Freundschaft selbst, das Teilen des
Alltags und gemeinsame Gespräche, vor allem durch
Gespräche über unsere großen und kleinen Wünsche,

unsere Vorlieben und Eigenheiten, über das, was uns erfreut oder betrübt, verwundert oder erstaunt, und natürlich nicht zuletzt über das, was unsere Welt zusammenhält – philosophische Gespräche, im weitesten Sinne. So wie Aristoteles sich das denkt, können Freunde nämlich gar nicht anders, als früher oder später ins Philosophieren zu geraten. Freilich, ein Problem bleibt da schon noch.

– *Bist du noch böse?*
– *Nicht mehr so sehr.*
– *Gut. Wir beide finden doch immer etwas, über das wir uns unterhalten wollen, oder nicht?*
– *Jaja, du bist ja auch mein Papa.*
– *Und dein Freund! Vergiss das bitte nicht, dein Freund bin ich auch.*

Warum gibt es so viele Bücher?

*Und in welchem Buch eine Antwort
darauf zu finden wäre*

Mensch, es gibt einfach keine Tür, die vor deinem Willen sicher wäre.

– *Papa, du hast mehr Bücher als ich.*
– *Stimmt. Ich sammle aber auch schon länger.*
– *Hast du die alle gelesen?*
– *Viele davon. Aber alle, nein, alle nicht. Wie auch? Komm ja zu nix, wenn du mir den ganzen Tag hinterherschwänzelst.*
– *Wollt ja nur wissen.*
– *Ist schon gut. Auf die Anzahl kommt es bei Büchern sowieso nicht an. Es geht eher darum, die richtigen zu erwischen – die zu einem passen, zu einem sprechen. Das ist so ähnlich, wie einen guten Freund zu finden. Da gehört auch Glück dazu. Kein Mensch, weißt du, kann alle Bücher lesen. Dafür gibt es einfach viel zu viele.*
– *Wie viele denn?*
– *Insgesamt? Auf der ganzen Welt?*
– *Ja.*
– *Kann ich dir beim besten Willen nicht sagen. Womöglich so viele, wie es Kinder gibt.*

– *So viele?*

– *Ja, das könnte sogar in etwa stimmen. Für jedes Kind auf der Welt ein Buch. Und jeden Tag kommen neue hinzu. So wie Kinder.*

– *Warum gibt es denn so viele Bücher?*

– *Erklär mir lieber erst einmal, weshalb es so viele Kinder gibt!*

– *Ich weiß nicht. Das passiert eben, wenn die Frauen einen Mann gefunden haben.*

– *Ja, das kann ich bezeugen.*

– *Und, Papa, die Kinder müssen ja alle Lesen lernen.*

– *Verstehe, und deshalb gibt es so viele Bücher.*

– *Ja.*

– *Außerdem möchten die Kinder ja auch nicht, dass man ihnen jeden Tag aus dem gleichen Buch vorliest.*

– *Das wäre langweilig.*

– *Klar. Abwechslung muss sein. Und was für die Kinder gilt, gilt auch für die Erwachsenen. Die wollen auch öfter mal etwas Neues.*

– *Ja, Tante Gisela liest mir auch immer andere Geschichten vor als du.*

– *Kann ich mir denken. Und dann gibt es noch Bücher, in denen keine Geschichten erzählt werden, sondern die von Tatsachen handeln, davon, was der Fall ist – wissenschaftliche Bücher. Da kommen auch jeden Tag neue Bücher hinzu, weil die Menschen jeden Tag etwas Neues erforschen.*

– *Ja. Das lerne ich dann bald in der Schule.*

– *Genau. In der Schule.*

Musst du auch. Mit reiner Wissenschaft ist in unserem Haushalt nicht viel. Dein Vater pflegt sich ja vorrangig für Dinge zu interessieren, die es nicht gibt. Fiktionen, im weitesten Sinne. Was du da vor dir siehst, sind fast ausschließlich Werke von Menschen, die mit der sogenannten Wirklichkeit unzufrieden genug waren, um einen Gutteil der eigenen Existenz auf den Entwurf eines detaillierten Alternativvorschlags zu verwenden. Vorschläge, die wiederum von anderen, hinreichend unzufriedenen Existenzen mit ähnlichen Sehnsüchten gelesen werden.

Warum es so viele Bücher gibt? Weil unsere Wirklichkeit offenbar einiges zu wünschen übrig lässt. Ohne Fiktionen ist sie einfach nicht zu ertragen.

– *In der Schule lernst du vor allem erst einmal Lesen.*
– *Juhu, ich freue mich schon!*
– *Und ich erst. Dann brauchst du mich nicht mehr zu fragen, ob ich dir was vorlesen will. Das entscheidest du dann einfach selbst. Gehst einfach ans Regal und suchst dir eines aus. Tage-, monate-, jahrelang kannst du dann am Stück lesen, für den Rest deines Lebens, wenn du willst.*
– *Aber dann habe ich ja keine Zeit mehr zum Spielen.*
– *Du musst ja nicht immer lesen. Aber du könntest. Außerdem ist Lesen ein bisschen wie Spielen, finde ich. Jedenfalls kannst du mit Büchern alles Mögliche erleben. So ähnlich wie mit deiner großen Schwester Maja.*
– *Wirklich?*

– *Aber ja, sie nehmen dich auf Reisen mit, führen dich
in die tiefsten Höhlen, verraten dir ihre Geheimnisse,
suchen Prinzen, erobern goldene Inseln. Das können
meine Bücher alles.*
– *Aber Boxen nicht.*
– *Nein: Boxen ist schwierig. Das gebe ich zu.*
– *Schwester Maja schreibt auch gerade ein Buch!*
– *So? Wovon handelt es denn?*
– *Von Poopipääpi!*
– *Du meinst die Stadt, in der sie lebt?*
– *Ja, eigentlich schreiben wir es zusammen. Ich helfe
ihr ein bisschen.*
– *Das ist aber lieb von dir. Ist das Buch denn bald
fertig?*
– *Ja, morgen, glaube ich.*
– *Uuii, das geht aber fix.*
– *Oder übermorgen.*
– *Je nachdem, was euch beiden noch für Geschichten
einfallen, was?*
– *Ja.*

Warum es so viele Bücher gibt?

Das, mein Kind, kann ich dir, glaube ich, ganz genau sagen: Deine imaginäre Freundin Schwester Maja
ist dafür verantwortlich. Sie und die ihren! Denn ohne
diese Stimmen, mitten in uns drin (in fast jedem von
uns), und ihrem Flüstern von der Möglichkeit eines
anderen, besseren, klareren Selbst in einer anderen,
besseren, klareren Welt – der Welt von morgen oder
übermorgen! – wären die meisten gewiss niemals entstanden. Schon gar nicht die philosophischen.

Wo ist Opa jetzt?

*Und warum wir auf diese Frage
ewig antworten wollen*

Diese Augen. So dicht vor den eigenen. Es war doch
eine ganz einfache Frage. Fünf Jahre bist du alt, liebst
deinen Opa, seine Späße, seine Wärme. Wo er jetzt
ist, der Opa?

– *Ich weiß es nicht.*
– *Geht's ihm gut?*
– *Ich hoffe es.*
– *Tante Gisela sagt, er ist jetzt im Himmel.*
– *Jaja, die Tante Gisela, die weiß so etwas.*

Und nun? Widersprechen, differenzieren, einschrän-
ken? Dich mit eigenen Zweifeln beschweren, so kurz
vor dem Einschlafen? Oder einfach abnicken, bezeugen ohne Glauben? Als ob du mir die Wahl ließest.

– *Wo denn im Himmel, etwa da oben, über den
Wolken?*

Und weiter, in ewig stechender Neugier:

– *Wie kann man denn über den Wolken wohnen?*

– *Du, da müssten wir wahrscheinlich den Opa selbst*
  fragen.

– *Aber der Opa kann doch nicht mehr antworten, der*
  ist doch to-oot!

Das stimmt, mein Kind. Und möglicherweise ist das
wirklich das einzig Sinnvolle, was es über den Tod zu
sagen gibt: dass er der Zustand ist, in dem wir keine
Antwort mehr geben. So jedenfalls hat es der Opa
gesehen. Darin bestand sein größter Schmerz, als er
ahnte, dass es zu Ende ging. Nicht mehr mit euch sein
zu können, um euch in langen Frage- und Antwort-
spielen seine Welt zu zeigen, euch den Unterschied
zwischen »scheinbar« und »anscheinend« zu lehren,
euch Geschichten zu erzählen, vom dicken dummen
Tobias oder Heino, dem weißen Adler, Geschichten,
die er selbst noch nicht kannte, die nur er erfinden
konnte und die nun mit ihm gestorben sind, weil es
das ist, was stirbt, wenn ein Mensch stirbt: die Mög-
lichkeiten, die nur ihm innewohnen.

– *Vielleicht hört er uns ja zu und kann nur nicht mehr*
  sprechen, dort oben im Himmel.

Aber das ist ein gefährlicher Vorschlag, besonders von
einer Fünfjährigen, die sich über nichts heftiger aufzu-
regen weiß, als keine Antwort zu erhalten.

*– Du meinst, so wie Pippi Langstrumpfs Mutter vom
Himmel aus zusieht?*
– Ja, Papa, genau so.

Begriffen habe ich allerdings nie, was an dieser Aussicht einer ewigen Aussicht tröstend sein soll. Nicht für den Zusehenden. Nicht für den Beobachteten. Genau genommen vermag ich mir kaum eine listigere Elternfolter vorzustellen, als das eigene Kind immer nur betrachten zu können, ohne jede Eingriffsmöglichkeit, getrennt durch eine Ewigkeit. Mal ganz abgesehen von praktischen Fragen. Denn solltest du mich jetzt bedrängen, wie uns der Opa von dort oben zusehen kann, durch die Wolken und die Dunkelheit, dann hilft nur noch ein erfundenes Nachtwolkenspezialfernglas für verstorbene Opas – wonach mir nicht ist und was du mir ohnehin nicht abnehmen würdest.

Leben nach dem Tod. Vier Worte, die nicht zusammenpassen. Wie soll ich mir, dir, das vorstellen? Als ewigen Schlaf. So hast du ihn das letzte Mal gesehen, im Krankenhaus, schlafend, hast dich zu ihm gesetzt, mitten ins Bett, ohne Furcht und ohne Mitleid für den aschfahlen Mann mit den Kabeln im Arm und zwei Röhrchen in der Nase. (Tut das weh? Nein, sonst könnte er ja nicht so ruhig schlafen. Manche Antworten sind ganz einfach.) Hast ihn gestreichelt, mit der nie befragten Gewissheit, dass er schon bald wieder aufwachen werde, um mit dir zu scherzen. Einer Gewissheit, die noch keinen Gott brauchte, um unbedingt zu sein. Hast den Kontakt seines Leibes gesucht, der noch weich und warm war und also lebendig. Mehr war nicht zu tun, auch nicht für uns, als wir spürten, wie das Leben mit jedem Tag aus ihm wich, verloren in dumpfen Morphiumträumen und immer selteneren Phasen wirren Erwachens, die zu der Frage führten, wer es war, der noch sterben musste, da die Person, die den Namen meines Vaters trug, schon lange verloschen war.

Glauben wir daran, dass es den Tod gibt? Ja, das glauben wir. Und wir glauben doch auch daran, dass der Tod in der Trennung der Seele vom Körper besteht? Gewiss, das glauben wir. Und dass der Zustand des Todes also der ist, in dem der Körper von der Seele getrennt wurde und nur noch für sich existiert? Ja, wir glauben es. Und die Seele vom Körper getrennt wurde und nur noch für sich existiert? Ja, das glauben wir.

Dieses Bekenntnis nimmt Sokrates seinen Schülern bei der letzten Zusammenkunft ab, um ihnen, kurz bevor er den Schierlingsbecher leert, zu beweisen, dass der Tod kein fürchtenswertes Übel ist. Schon gar nicht für einen Menschen, der sich den Dingen gewidmet hat, die nur die Seele betreffen, also der Erkenntnis ewiger Wahrheiten, weswegen Philosophieren, recht verstanden, nichts anderes bedeutet als Sterbenlernen.

Eine tröstliche Idee, dieser Dualismus von Geist und Körper. So tröstlich, dass wir unsere gesamte Kultur auf ihr errichten wollten. Scheinbar einfach zu verstehen, einfach genug, um sie einer Fünfjährigen erläutern zu können, die Vorstellung von der Seele, die den Körper im Moment des Todes verlässt und dann weiter bestehen kann, vor allem weiterdenken kann, auch ohne Körper.

So wie du, wenn du die Augen schließt und dich ganz auf das konzentrierst, was, wie du immer sagst, »in deinem Kopf denkt«. Sogar sehen kannst du mit geschlossenen Augen. Sieh nur, die Bilder deiner Vorstellung, direkt vor deinem geistigen Auge. Mit diesem inneren Seelenauge, stell dir mal vor, könnte uns auch der Opa jetzt zusehen, sogar vom Himmel aus, bis in alle Ewigkeit.

Vermutlich habe ich es nicht richtig erklärt. Oder zweitausendfünfhundert Jahre menschlichen Zweifelns haben ihre Spuren in deiner Seele hinterlassen. Aber als kleiner Mensch, der mir gegenübersitzt und dessen Hand ich zur Nacht streichle, zeigst du dich weitaus skeptischer als die Schüler des Sokrates. Keine Bekräftigung verlässt deine Lippen.

Er bleibt viel verlangt, der Glaube an die vollständige Trennung des Geistes vom Körper.

– *Müssen denn alle Menschen sterben?*
– *Ja, jeder.*

Es sagt sich ohne Schwierigkeit: alle Menschen, jeder, man. Ist doch ganz klar. Bis jemand stirbt, der nicht jedermann ist.

– *Und jedes Tier?*
– *Tiere sterben nicht, sie verenden.*
– *Was ist denn der Unterschied?*

*— Der Unterschied besteht darin, dass Tiere nichts von
ihrer Sterblichkeit wissen. Kein Tier kann fragen, was
du mich gerade gefragt hast: Ob es sterben muss?*

Und wenn du mich jetzt fragst, ob das bedeutet, dass
Tiere keine Seele haben, würde ich wahrscheinlich mit
Ja antworten.

So wird es also zum Privileg, das Wissen um unsere
Endlichkeit, wird aus dem Sterbenmüssen ein Sterben*dürfen*. Weil Tiere wie wir ohne dieses Wissen
nicht zu leben verstünden, keinen Sinn in unserer
Existenz finden könnten. *Ewig* leben – welcher Sterb-
liche will das schon?

Du. Mit deinen fünf Jahren brauchst du noch keinen Tod in deinem Leben. Er würde es nicht reicher
machen, nicht lust- oder sinnvoller. Und dass auch
du, mein Kind, eines Tages sterben wirst, kann ich dir
zwar versichern, aber du kannst es mir nicht glauben.
»Bei mir wird der liebe Gott bestimmt eine Ausnahme
machen«, hat der Opa immer gesagt. Um Tante Gisela
zu ärgern.

Daran wirst du dich nicht erinnern. An nichts, was
der Opa gesagt oder getan hat. Wie ausgelöscht sein
wird sie später für dich, die Erinnerung an das kindi-
sche Paradies deiner Ewigkeit. Erst mit der Sterblichkeit bleibt die Erinnerung. Solche Tiere sind wir. Ob
es das ist, was Sokrates meint, wenn er in seinen al-
lerletzten Stunden erklärt, alles Wissen sei Erinnern?
Und Philosophieren, also doch, Sterbenlernen?

– *Weißt du, es gab ja auch eine Zeit, in der du noch*
  nicht auf der Welt warst.
– *Ja, da war ich in Mamas Bauch.*
– *Und noch davor, als es dich überhaupt noch nicht*
  gab, nicht einmal als Idee.
– *Ooooch, ja.*

Der Gedanke gefällt dir nicht, das ist deutlich zu sehen. Es hat etwas Kränkendes, nie gewesen zu sein, nie
vorgestellt, nicht notwendig, einfach entstanden, aus
einer Laune, aus dem Nichts.

– *Und was war da mit dir?*
– *Nix, da war ich einfach noch nicht da.*
– *So könnte es sein für Menschen, die gestorben sind,*
  wie der Opa. Tot sein, das würde sich genauso an-
  fühlen, wie nicht geboren zu sein. Also gar nicht.

Lange, unwillige Stille.

– *Wie wenn du schläfst, ohne zu träumen, so könnte es*
  jetzt sein für den Opa. Für immer.
– *Will ich nicht.*

Willst du nicht. Ich auch nicht. Keiner will es, dieses
Nichts in unserer Mitte. Es macht uns Angst, deine
Augen beweisen es. Es ist diese Angst, die mich davon abhält, das Licht zu löschen, wenn du einschlafen
sollst, und stattdessen eine kleine Lampe in der Ecke
leuchten zu lassen, damit es nicht zu dunkel ist in dem
Raum deiner Nacht.

Ich sehe das Bild eines sterbenden Mannes im Nachthemd, mit weit aufgerissenen Augen und der Stimme eines Kindes: »Und wenn danach doch noch etwas käme? Möglich bleibt es. Oder was meinst du?«

– *Hoffentlich träumt er was Schönes, der Opa.*
– *Hoffentlich.*

Obwohl ich es nicht glaube. Er hat nie gut geträumt, hat geschlafen mit geballter Faust, hat geschrien in seinen Träumen, gejagt von seinem Dämon, so laut, dass wir Kinder davon erwachten. Hoffentlich träumt er nicht.

Wo der Opa jetzt ist? Ich weiß es nicht. Aber wenn ich in deine Augen blicke, so eng und fragend wie seine, finde ich eigene Gründe zu glauben, dass er mitten unter uns ist, so nah und unsterblich, wie es ein Mensch nur sein kann. Und jetzt schlaf, mein Kind. Schlaf gut. Morgen ist ein neuer Tag.

Kleine und große Literaturempfehlungen zur Weiterreise

(nach Geschichten geordnet)

Hast du auch so einen Freund?
Plato (1993), Der Staat, Sämtliche Dialoge, Bd. 1, Hamburg.
Nietzsche, F. (1999), Schopenhauer als Erzieher, in: Die Geburt der Tragödie; Unzeitgemäße Betrachtungen, Kritische Studienausgabe, München.
Cavell, S. (2010), Cities of Words: Ein moralisches Register in Philosophie, Zürich.

Bin das Ich?
Locke, J. (2000), Versuch über den menschlichen Verstand, Hamburg.

Hätte ich auch ein Junge sein können? Sowie:
Habt ihr mich so gewollt, wie ich bin?
Sandel, M. J., (2008), Plädoyer gegen die Perfektion im Zeitalter der genetischen Technik, Berlin.

Wer erzählt diese Geschichte?
Jannidis, F. und Lauer, G. (Hrsg.) (2000), Texte zur Theorie der Autorschaft, Stuttgart.

Schaut uns der liebe Gott gerade zu?
Hume, D., (1986), Dialoge über natürliche Religion, Leipzig.
Canterbury, A. v. (2005), Proslogion, Stuttgart.

Wo kommt das hin?
Nietzsche, F. (1999), Jenseits von Gut und Böse. Genealogie der Moral., Kritische Studienausgabe, München.
Freud, S. (2009), Das Unbehagen in der Kultur: und andere kulturtheoretische Schriften, Frankfurt a. M.

Warum ist Noah krank?
Leibniz, G. W. (1996), Versuche in der Theodicée über die Güte Gottes, die Freiheit des Menschen und den Ursprung des Übels, Hamburg.
Neiman, S. (2004), Das Böse denken – Eine andere Geschichte der Philosophie, Frankfurt a. M.

Bleibst du bei mir?
Kant, I. (2017), Über ein vermeintes Recht, aus Menschenliebe zu lügen, in: Denken wagen – Der Weg aus der selbstverschuldeten Unmündigkeit, Ditzingen.

Haben Steine Schmerzen?
Wittgenstein, L. (2006), Philosophische Untersuchungen, in: Werkausgabe Bd. 1, Frankfurt a. M.
Descartes, R. (1965), Meditationen – Mit sämtlichen Einwänden und Erwiderungen, Hamburg.

Warum können Hunde nicht sprechen?
Heidegger, M. (1997), Was heisst Denken?, Tübingen.

Wofür soll ich mich entschuldigen?
Austin, J. L. (1956), A Plea for Excuses, in: Proceedings of the Aristotelian Society, Vol.57, S. 1–30, New York

Willst du mitspielen?
Wittgenstein, L. (2006), Philosophische Untersuchugen, in: Werkausgabe Bd. 1, Frankfurt a. M.
Cavell, S. (2002), Die Unheimlichkeit des Gewöhnlichen und andere philosophische Essays, Frankfurt a. M.

Was wäre, wenn du Mama nicht getroffen hättest?
Plato (2012), Symposion / Gastmahl, Hamburg.

Sind wir jetzt wieder Freunde?
Aristoteles (2020), Nikomachische Ethik, Ditzingen.

Warum gibt es so viele Bücher?
Borges, J. L., (2013), Die unendliche Bibliothek, Frankfurt a. M.

Wo ist Opa jetzt?
Plato (2008), Phaidon, Hamburg.
Montaigne, M. (2016),Philosophieren heißt sterben lernen, in: Essais, Frankfurt a. M.